Hugo's Simplified System

French Verbs Simplified

Hugo's Language Books Limited

This enlarged edition
© 1986 Hugo's Language Books Ltd
All rights reserved
ISBN 0 85285 095 6

7th impression 1993

Edited by
Rosalind Birley B.A. (Cantab.)
and
Robin Batchelor-Smith

Set in 9/11pt Linotron 202 Times by
Tek Translation Ltd., London W12 8LH
Printed and bound in Great Britain by
Page Bros, Norwich

Preface

The greater part of this book is for reference only, and in common with others in our 'Simplifed' and 'Three Months' series its object is to save the student's time by giving no rules other than those actually necessary.

The regular endings (pages 12-19) should be learned first of all; it is best to do this by writing down the endings only, tense by tense for each conjugation. When the regular verbs have been well learned the irregular ones should present little difficulty. The less important of these need only be noted in passing; concentrate on learning the irregularities of important verbs — the ones which are printed in bold type on pages 44-48.

Fuller conjugations of the compound tenses, and of the negative and interrogative forms, are omitted because they require no learning whatever. Some publications treat them exhaustively and only succeed in disheartening the student. Their formation is precisely the same throughout every verb in the language — learn one and you have learned them all.

For the same reason, we give no list of the verbs requiring *de* before a following infinitive. There is no need to learn these if it is remembered that all verbs require *de* unless given in our lists of those that need *à* or no preposition (pages 36-38).

We believe that this book will be found a great help to the beginner who has not yet mastered the French verbs, and an invaluable source of reference for the more advanced student.

Contents

Structure of a verb

The verb is the most important part of speech in any language and should therefore be learned thoroughly. If you are a little uncertain about its general structure the following notes will help refresh your memory.

First, remember that verbs can be *transitive* or *intransitive*.

Transitive verbs are so called because they transmit the action from the subject to the object. They must have an object to complete the sense: *I find* conveys no special meaning, but *I* (subject) *find* (verb) *the book* (object) is a complete sentence.

Intransitive verbs convey a complete meaning without the addition of an object: *I sang, he reads, they slept,* etc., make sense on their own. Intransitive verbs can sometimes be used in a transitive way: *I sang a song, he reads a book,* etc.

Verbs consist of two *voices* (active and passive) four *moods* (infinitive, indicative, subjunctive and imperative), three principal *tenses* (present, past and future) supplemented by auxiliary tenses, two *numbers* (singular and plural), and three *persons* in each number (1st, 2nd and 3rd).

In the *active* voice, the subject of the verb is the doer of the action expressed: *the boy* (subject) *plays* (verb). If often expresses a state or condition: *the boy sleeps.*

In the *passive* voice, the subject is the receiver of the action expressed: *the boy* (subject) *is beaten* (verb).

The 1st person is identified by the personal pronouns *I* (sing.) and *we* (pl.), the 2nd person by *you* (sing. and plur.), the 3rd person by *he* (masc. sing.), *she* (fem. sing.), *it* (neut. sing.) and *they* (pl. for all genders).

Remember that the formal or polite form for 'you' in French is *vous*. Only if you are a young person addressing another young person or if you know someone very well should you use the familiar form *tu*. The French use *tu* for close friends, relatives, children and animals.

At the very end of this book you will find a model conjugation of an English verb, reference to which may help in identifying the tenses.

Explanation and use of tenses

1 The Present tense

The present tense is employed as in English, but it has only one form in French; the English progressive form (*I am speaking*, etc) has no French equivalent, but must be translated like *I speak*, etc. Questions and negations (see page 42) must be dealt with in the same way; change

Do I speak?
or Am I speaking?   *into* Speak I?

I do not speak
or I am not speaking   *into* I speak not

Do I not speak?
or Am I not speaking?   *into* Speak I not?

2 The Perfect tense

The perfect tense, formed with the past participle and the important auxiliary verb *avoir* (to have) — and sometimes with *être* (to be) — is generally used in French instead of the English past or imperfect tense. Translate

I spoke	*by* I have spoken	*J'ai parlé*
He lost	*by* He has lost	*Il a perdu*
We finished	*by* We have finished	*Nous avons fini*

The word *did*, used in English questions and negations, must be changed into *has* or *have;*

Did he speak? = Has he spoken? *A-t-il parlé?*
I did not lose = I have not lost *Je n'ai pas perdu*
Did you finish? = Have you finished? *Avez-vous fini?*
Did they not speak? = Have they not spoken? *N'ont-ils pas parlé?*

9

The English progressive form (*I have been speaking*) is also translated by the perfect (*I have spoken*).

3 The Imperfect tense

Use this tense in French if in English the progressive form (*I was speaking*, etc) is employed or if *I spoke* has the meaning of *I was speaking* or *I used to speak*.

Questions and negations with *did* must also be translated by the imperfect, if the English can be changed into the progressive form without altering the sense:

> *Did you speak?* must be translated *Parliez-vous?* if it has the meaning of *Were you speaking?* or *Used you to speak?*

> *She did not finish* must be translated by *Elle ne finissait pas* if it has the meaning of *She was not finishing* or *She used not to finish*.

The expressions *I used to speak* or *I was in the habit of speaking* are simply translated by the French imperfect *je parlais*. Therefore change when translating;

> *I was speaking*
> or *I used to speak* into *I spoke*

> *I was not speaking*
> or *I did not speak* into *I spoke not*

> *Was I speaking*
> or *Did I speak?* into *Spoke I?*

> *Was I not speaking?*
> or *Did I not speak?* into *Spoke I not?*

4 The Past Historic tense

The past historic is used when translating the English past tense, when the incident referred to has taken place at a time completely gone by. This tense, sometimes called the *past definite*, chiefly occurs in *written* narration, and is very rarely used in conversation.

5 The Future and Conditional tenses

These are both employed as in English, but they, like all the other tenses, have no progressive form. Therefore change when translating:

I shall be speaking	into *I shall speak*
He will not be speaking	into *He will not speak*
Shall we be speaking?	into *Shall we speak?*
I should be speaking	into *I should speak*
Would you not be speaking?	into *Would you not speak?*

Be careful to note that the English future auxiliaries are *shall* for the first person, and *will* for the other persons. In the conditional *should* is the auxiliary for the first person, and *would* for the other persons. If this distinction is not observed, the meaning is entirely altered. For example, *I **shall** go tomorrow, and he **will** come too*, simply expresses futurity; but in the sentence *I **will** go tomorrow, and he **shall** come too, will* implies intention and *shall* compulsion.

6 The Imperative

The imperative is used as in English.

7 The Subjunctive

The subjunctive is used in dependent clauses, after verbs expressing doubt, will, wish, necessity, fear, etc. Some conjunctions, the most important of which are given in our 'French in Three Months', always require the following verb to be in the subjunctive.

Regular verbs

General rules on forming tenses

The endings (shown by italics in the model conjugations on pages 14-19) are added to the stem in all tenses except the future and conditional; in these two they are added to the infinitive.

1. The **infinitive** of all regular French verbs end in **-er, -re** or **-ir**. The stem is the part of the verb preceding -er, -re or -ir.

2. The **present participle** is formed by adding -ant to the stem of all verbs; verbs in -ir prefix -iss- to the -ant.

3. The **past participle** of verbs in -er is pronounced like the infinitive.

4. In the **present** tense, the singular endings of verbs in -er and -re are not pronounced. The plural endings of all verbs are -ons, -ez and -ent (-ent is always mute); verbs in -ir prefix -iss to the plural endings.

5. The **future** tense endings are added to the infinitive, the e of verbs in -re being omitted: *je parlerai* but *je vendrai*.

6. The **conditional** is formed by adding the endings to the infinitive, the e of verbs in -re being omitted as in the future.

7. The endings of the **imperfect** are the same as for the conditional except that they are added to the stem (not to the infinitive). Verbs in -ir prefix -iss- to these endings throughout the tense.

8. In the **past historic**, the singular endings of -er verbs are the same as for the future, but are added to the stem (not to the infinitive); verbs in -re and -ir have the same as those of the present tense in -ir. The plural endings only differ in the vowel; verbs in -er end -âmes, -âtes, èrent, while those in -re and -ir end -îmes, -îtes and -irent.

9. The **present subjunctive** endings are the same as those of the present indicative of -er verbs, an -i- being prefixed to -ons and -ez. Verbs in -ir prefix -iss- to the endings: *il parle, nous parlions, tu vendes, vous vendiez, je finisse, nous finissions.*

10. The **imperfect subjunctive** is the same as the present subjunctive of -ir verbs (*je finisse,* etc.) except in the third person singular, where -isse is changed to -ît. Verbs in -er, however, substitute *a* for *i* throughout the tense: *je parlasse, il parlât, je vendisse, il vendît, je finisse, il finît.*

11. The **imperative** has really only three persons: second singular, and first and second plural. These are formed by omitting the pronouns *tu, nous* and *vous* from the present indicative. Verbs in -er drop the *s* in the second person singular. The forms for the third person, *let him speak, let them speak,* are simply the third person of the present subjunctive with *que* prefixed: *qu'il parle, qu'ils parlent.*

Verbs ending in -oir

There are seven verbs ending in -*evoir,* all of which are conjugated alike. They are: *devoir* to owe, *recevoir* to receive, *concevoir* to conceive, *décevoir* to deceive, *redevoir* to owe again, *apercevoir* to perceive, and *percevoir* to collect money (taxes). Although these seven verbs are often classified as regular, it is best to group them with those ending -*oir,* which are quite irregular. This is because there are many groups (especially those ending in -*indre* and -*uire*) which, although nearly always classified as irregular, are more numerous and important than the verbs in -*evoir. Devoir, recevoir* and *apercevoir* are the only ones in common use.

Complete regular conjugations

Parler   'to speak'

PRESENT PARTICIPLE: speaking   parl*ant*

PAST PARTICIPLE: spoken   parl*é*

PRESENT INDICATIVE: I speak, etc
je parl*e*
tu parl*es*
il parl*e*
nous parl*ons*
vous parl*ez*
ils parl*ent*

FUTURE: I shall speak, etc
je parler*ai*
tu parler*as*
il parler*a*
nous parler*ons*
vous parler*ez*
ils parler*ont*

CONDITIONAL: I should speak, etc
je parler*ais*
tu parler*ais*
il parler*ait*
nous parler*ions*
vous parler*iez*
ils parler*aient*

IMPERFECT: I was speaking, etc
je parl*ais*
tu parl*ais*
il parl*ait*
nous parl*ions*
vous parl*iez*
ils parl*aient*

PAST HISTORIC: I spoke, etc
je parl*ai*
tu parl*as*
il parl*a*
nous parl*âmes*
vous parl*âtes*
ils parl*èrent*

PRESENT SUBJUNCTIVE: I may speak etc (*que*, 'that', is usually
prefixed in conjugating)
je parl*e*
tu parl*es*
il parl*e*
nous parl*ions*
vous parl*iez*
ils parl*ent*

PAST or IMPERFECT SUBJUNCTIVE: I might speak (*que* is
usually prefixed)
je parl*asse*
tu parl*asses*
il parl*ât*
nous parl*assions*
vous parl*assiez*
ils parl*assent*

IMPERATIVE
speak (you, singular): parl*e*
let him speak: qu'il parl*e*
let us speak: parl*ons*
speak (you, plural): parl*ez*
let them speak: qu'ils parl*ent*

Vendre   'to sell'

PRESENT PARTICIPLE: selling   vend*ant*

PAST PARTICIPLE: sold   vend*u*

PRESENT INDICATIVE: I sell, etc
je vend*s*
tu vend*s*
il vend
nous vend*ons*
vous vend*ez*
ils vend*ent*

FUTURE: I shall sell, etc
je vendr*ai*
tu vendr*as*
il vendr*a*
nous vendr*ons*
vous vendr*ez*
ils vendr*ont*

CONDITIONAL: I should sell, etc
je vendr*ais*
tu vendr*ais*
il vendr*ait*
nous vendr*ions*
vous vendr*iez*
ils vendr*aient*

IMPERFECT: I was selling, etc
je vend*ais*
tu vend*ais*
il vend*ait*
nous vend*ions*
vous vend*iez*
ils vend*aient*

PAST HISTORIC: I sold, etc
je vend*is*
tu vend*is*
il vend*it*
nous vend*îmes*
vous vend*îtes*
ils vend*irent*

PRESENT SUBJUNCTIVE: I may sell, etc (*que,* 'that', is usually prefixed in conjugating)
je vend*e*
tu vend*es*
il vend*e*
nous vend*ions*
vous vend*iez*
ils vend*ent*

PAST or IMPERFECT SUBJUNCTIVE: I might sell, etc (*que is* usually prefixed)
je vend*isse*
tu vend*isses*
il vend*ît*
nous vend*issions*
vous vend*issiez*
ils vend*issent*

IMPERATIVE
sell (you, singular): vend*s*
let him sell: qu'il vend*e*
let us sell: vend*ons*
sell (you, plural): vend*ez*
let them sell: qu'ils vend*ent*

Finir   'to finish'

PRESENT PARTICIPLE: finishing   finiss*ant*

PAST PARTICIPLE: finished fin*i*

PRESENT INDICATIVE: I finish, etc
je fin*is*
tu fin*is*
il fin*it*
nous finiss*ons*
vous finiss*ez*
ils finiss*ent*

FUTURE: I shall finish, etc
je finir*ai*
tu finir*as*
il finir*a*
nous finir*ons*
vous finir*ez*
ils finir*ont*

CONDITIONAL: I should finish, etc
je finir*ais*
tu finir*ais*
il finir*ait*
nous finir*ions*
vous finir*iez*
ils finir*aient*

IMPERFECT: I was finishing, etc
je finiss*ais*
tu finiss*ais*
il finiss*ait*
nous finiss*ions*
vous finiss*iez*
ils finiss*aient*

PAST HISTORIC: I finished, etc
je fin*is*
tu fin*is*
il fin*it*
nous fin*îmes*
vous fin*îtes*
ils fin*irent*

PRESENT SUBJUNCTIVE: I may finish etc, (*que*, 'that', is usually prefixed in conjugating)
je finiss*e*
tu finiss*es*
il finiss*e*
nous finiss*ions*
vous finiss*iez*
ils finiss*ent*

PAST or IMPERFECT SUBJUNCTIVE: I might finish, etc (*que is* usually prefixed)
je fin*isse*
tu fin*isses*
il fin*ît*
nous fin*issions*
vous fin*issiez*
ils fin*issent*

IMPERATIVE
finish (you, singular): fin*is*
let him finish: qu'il finiss*e*
let us finish: finiss*ons*
finish (you, plural): finiss*ez*
let them finish: qu'ils finiss*ent*

Auxiliary verbs

'Avoir' and 'être': formation of tenses

The two auxiliary verbs *avoir* (to have) and *être* (to be) are very important. They should be learned thoroughly, tense by tense. Some tenses have regular endings, but stem changes complicate these. Below are some points to remember about their formation:

The future of *avoir* is formed by adding *-ai,-as, -a, -ons, -ez, -ont* to **aur-**.

The future of *être* is formed by adding the same endings to **ser-**.

The conditional of *avoir* is formed by adding *-ais, -ais, -ait, -ions, -iez, -aient* to **aur-**.

The conditional of *être* is formed by adding the same endings to **ser-**.

The imperfect of *avoir* is formed by adding *-ais, -ais, -ait, -ions, -iez, -aient* to **av-**.

The imperfect of *être* is formed by adding the same endings to **ét-**.

The past historic of *avoir* being *j'eus*, etc., that of *être* can be formed by changing the *e* of the above into *f*: *je fus*, etc.

Complete auxiliary conjugations

Avoir   'to have'

PRESENT PARTICIPLE: having   ayant

PAST PARTICIPLE: had   eu

PRESENT INDICATIVE: I have, etc
j'ai
tu as
il a
nous avons
vous avez
ils ont

FUTURE: I shall have, etc
j'aurai
tu auras
il aura
nous aurons
vous aurez
ils auront

CONDITIONAL: I should have, etc
j'aurais
tu aurais
il aurait
nous aurions
vous auriez
ils auraient

IMPERFECT: I had, etc
j'avais
tu avais
il avait
nous avions
vous aviez
ils avaient

PAST HISTORIC: **I had, etc**
j'eus
tu eus
il eut
nous eûmes
vous eûtes
ils eurent

PRESENT SUBJUNCTIVE: **I may have, etc** (*que*, 'that', is usually pre-fixed in conjugating)
j'aie
tu aies
il ait
nous ayons
vous ayez
ils aient

PAST or IMPERFECT SUBJUNCTIVE: **I might have, etc** (*que* usually prefixed)
j'eusse
tu eusses
il eût
nous eussions
vous eussiez
ils eussent

IMPERATIVE
have (you, singular): aie
let him have: qu'il ait
let us have: ayons
have (you, plural): ayez
let them have: qu'ils aient

Être   'to be'

PRESENT PARTICIPLE: being   étant

PAST PARTICIPLE: been   été

PRESENT INDICATIVE: I am, etc
je suis
tu es
il est
nous sommes
vous êtes
ils sont

FUTURE: I shall be, etc
je serai
tu seras
il sera
nous serons
vous serez
ils seront

CONDITIONAL: I should be, etc
je serais
tu serais
il serait
nous serions
vous seriez
ils seraient

IMPERFECT: I was, etc
j'étais
tu étais
il était
nous étions
vous étiez
ils étaient

PAST HISTORIC: I was, etc
je fus
tu fus
il fut
nous fûmes
vous fûtes
ils furent

PRESENT SUBJUNCTIVE: I may be, etc (*que* 'that', is usually prefixed in conjugating)
je sois
tu sois
il soit
nous soyons
vous soyez
ils soient

PAST or IMPERFECT SUBJUNCTIVE: I might be, etc (*que* usually prefixed)
je fusse
tu fusses
il fût
nous fussions
vous fussiez
ils fussent

IMPERATIVE:
be (you singular): sois
let him be: qu'il soit
let us be: soyons
be (you, plural): soyez
let them be: qu'ils soient

Participles

The present participle

The present participle is variable in gender and number when used as an adjective, but is invariable when followed by an object (as in the second example below):

A **charming** girl
Une fille charmante

A girl **charming** everyone
*Une fille **charmant** tout le monde*

The English present participle used as a noun is replaced in French by the infinitive or a related noun:

Skating is a great pleasure
Le patinage est un grand plaisir

Dancing is pleasant
Danser est agréable

The preposition *en* is followed by the present participle; all others are followed by the infinitive:

Without waiting
*Sans **attendre***

After having spoken
*Après **avoir** parlé*

In reading
*En **lisant***

The past participle

The past participle only agrees in gender and number with the subject when the compound tenses are formed with être:

She has gone out
Elle est sortie

Have they started?
Sont-ils partis? (fem. *parties*)

The past participle also agrees with a direct object which precedes it, unless used as an auxiliary:

I have seen her
Je l'ai vue

The pencils I wanted
Les crayons que j'ai voulus

The pencils I wanted to see
Les crayons que j'ai voulu voir

The past participle never agrees with an indirect object. Note that *se*, if not accusative, and *en* are indirect objects:

I have spoken to her
Je lui ai parlé

She has broken her leg
Elle s'est cassé la jambe

We have given him some of them
Nous lui en avons donné

Compound tenses

These are formed as in English, with the past participle and the auxiliary verb *avoir* (to have), and therefore do not require much study. For compound tenses formed with *être* (to be), see the entry headed 'Passive Voice', and for those few verbs whose **active** compound tenses are formed with *être*, see under 'Reflexive Verbs'.

A reference list of compound tenses with *avoir* follows, the first person singular only being given:

INFINITIVE PERFECT
to have spoken, sold, finished, had, been
avoir parlé, vendu, fini, eu, été

PARTICIPLE PERFECT
having spoken, sold, finished, had, been
ayant parlé, vendu, fini, eu, été

PERFECT
I have spoken, sold, finished, had, been
j'ai parlé, vendu, fini, eu, été

PLUPERFECT
I had spoken, sold, finished, had, been
j'avais parlé, vendu, fini, eu, été

PAST HISTORIC PERFECT
I had spoken, sold, finished, had, been
j'eus parlé, vendu, fini, eu, été

FUTURE PERFECT
I shall have spoken, sold, finished, had, been
j'aurai parlé, vendu, fini, eu, été

CONDITIONAL PERFECT
I should have spoken, sold, finished, had, been
j'aurais parlé, vendu, fini, eu, été

PERFECT SUBJUNCTIVE
I have spoken, sold, finished, had, been
j'aie parlé, vendu, fini, eu, été

PLUPERFECT SUBJUNCTIVE
I had spoken, sold, finished, had, been
j'eusse parlé, vendu, fini, eu, été

Idiomatic tenses

These are used to express the equivalents of English constructions such as "I am going to (speak)", "I had just (spoken)" and so on. They are formed by using the appropriate present or past tense of the first verb followed by the infinitive form of the second. For example, the present tense of *aller* is used for "I am going to . . . ":

je vais parler/écrire/finir
I am going to speak/write/finish

tu vas parler, il va parler, etc
you are going to speak, he is going to speak, etc

The imperfect past tense "I was going to . . ." requires the use of the imperfect form of *aller* preceding the main verb's infinitive:

j'allais parler, nous allions parler, etc
I was going to speak, we were going to speak, etc

Some other idiomatic tenses are illustrated below:

je viens de parler, il vient d'écrire, etc
I have just spoken, he has just written, etc

je venais de parler, nous venions d'écrire, etc
I had just spoken, we had just written, etc

(Note the use of *venir de* for "have/*had just"*)

je dois parler, il doit finir, etc
I am to speak, he is to finish, etc

je devais parler, nous devions finir, etc
I was to speak, we were to finish, etc

(Note the use of *devoir* for "am/were to, must".)

The passive voice

The passive voice is formed as in English, with the past participle and the auxiliary *être* (to be). Remember that the past participle, after *être*, agrees in gender and number with its subject, like an adjective:

INFINITIVE: to be honoured *être honoré*

PRESENT PARTICIPLE: being honoured *étant honoré*

PAST PARTICIPLE: been honoured *été honoré*

PRESENT INDICATIVE:
I am honoured *je suis honoré* (fem. *honorée*)
you (*fam. sing.*) are honoured *tu es honoré* (fem. *honorée*)
he is honoured *il est honoré*
she is honoured *elle est honorée*
we are honoured *nous sommes honorés* (fem. *honorées*)
you (*sing.*) are honoured *vous êtes honoré* (fem. *honorée*)
you (*pl.*) are honoured *vous êtes honorés (fem. honorées)*
they (*masc.*) are honoured *ils sont honorés*
they (*fem.*) are honoured *elles sont honorées*

IMPERFECT: I was honoured, etc
j'étais honoré, etc

PAST HISTORIC: I was honoured, etc
je fus honoré, etc

FUTURE: I shall be honoured, etc
je serai honoré, etc

CONDITIONAL: I should be honoured, etc
je serais honore, etc

PERFECT: I have been honoured, etc
j'ai été honoré, etc

Peculiarities of some -er verbs

1. Verbs ending in -ger or -cer change *g* into *ge*, and *c* into *ç* cedilla before an ending beginning with *a* or *o*. This is done to preserve the soft sound of the *g* or *c* of the infinitive.

    to judge   *juger;* we judge   *nous jugeons*
    to commence   *commencer*; we commence   *nous commençons*

2. Most verbs ending in -eler or -eter double the *l* or *t* when it is followed by an *e* mute. Except in the endings *-ez* and *-er*, *e* is always mute. Examples (using *épeler* and *jeter*):

    I spell, etc.: *j'épelle, tu épelles, il épelle,*
    nous épelons, vous épelez, ils épellent.
    I throw, etc.: *je jette, tu jettes, il jette,*
    nous jetons, vous jetez, ils jettent.

3. The following verbs do **not** double the *l* or *t*, but change the first *e* into *è*, if the *l* or *t* is followed by an *e* mute:

acheter to buy	*dégeler* to thaw
bourreler to torment	*étiqueter* to label
colleter to collar	*geler* to freeze
congeler to congeal	*harceler* to harass
coqueter to flirt	*peler* to peel
déceler to disclose	*trompeter* to trumpet
décolleter to bare the neck and shoulders	

    I buy etc.: *J'achète, tu achètes, il achète*
    nous achetons, vous achetez, ils achètent
    I shall buy, etc.: *j'achèterai, tu achèteras, il achètera,*
    nous achèterons, vous achèterez, ils achèteront
    I was buying, etc.: *j'achetais,* etc.

4. Verbs ending in **-er**, preceded by *e* and a consonant, change the *e* into *è* if the termination begins with an *e* mute (i.e. before *-e, -es,* or *-ent*). An example is *mener*:

I lead, etc.: *je mène, tu menes, il mène, nous menons, vous menez, ils mènent.*
I was leading, etc.: *je menais,* etc.
I shall lead, etc.: *je mènerai, tu mèneras,* etc.

5. Verbs ending in **-er**, preceded by *é* and a consonant (as in *espérer*), undergo the same change, except in the future and the conditional:

I hope, etc.: *j'espère, tu espères, il espère, nous espérons, vous espérez, ils espèrent.*
I was hoping, etc.: *j'espérais,* etc.
I shall hope, etc.: *j'espérerai, tu espéreras,* etc.

6. Verbs ending in **-yer** generally change the *y* into *i* before an *e* mute, as in *payer*:

I pay: *je paie* or *paye;* we pay, *nous payons.*
I shall pay: *je paierai* or *payerai.*

Reflexive & Impersonal Verbs

A transitive verb (see page 7) becomes reflexive in English if followed by one of the reflexive pronouns *myself, himself,* etc. For example, *I am warming the room* is not reflexive, while *I am warming myself* is reflexive.

There are a great many verbs which are reflexive in French but not in English — *se tromper* (to make a mistake) is one of these.

The reflexive pronouns are the same as the ordinary personal pronouns, except in the third person: myself = *me*, thyself = *te*, ourselves = *nous*, yourselves = *vous*, **but** himself, herself, itself, oneself and themselves = *se*.

Example of a reflexive verb

INFINITIVE: to wash oneself   *se laver*

PRESENT INDICATIVE:

I wash myself	*je me lave*
you (fam.) wash yourself	*tu te laves*
he (she) washes him(her)self	*il (elle) se lave*
we wash ourselves	*nous nous lavons*
you wash yourself, yourselves	*vous vous lavez*
they wash themselves	*ils se lavent*
they (f.) wash themselves	*elles se lavent*

IMPERFECT: I was washing myself   *je me lavais*, etc.

FUTURE: I shall wash myself   *je me laverai*, etc.

CONDITIONAL: I should wash myself   *je me laverais*, etc.

IMPERATIVE

wash yourself	*lavez-vous*
do not wash yourself	*ne vous lavez pas*
let us wash ourselves	*lavons-nous*

The compound tenses of all reflexive verbs are formed with the auxiliary *être*, and thus the past participle takes the gender and number of the subject, as shown in these examples (perfect tense):

I (*m.*) have washed myself	*je me suis lavé*
I (*f.*) have washed myself	*je me suis lavée*
he has not washed himself	*il ne s'est pas lavé*
has she washed herself?	*s'est elle lavée?*
have they (*f.*) not washed themselves	*ne se sont-elles pas lavées?*

The following ten reflexive verbs may be used for practice:

s'assoir   to sit down
s'écrier   to exclaim
se reposer   to rest
se plaindre   to complain
se repentir   to repent
se promener   to take a walk
se lever   to get up
se dépêcher   to make haste
se rendre   to repair to
se souvenir   to recollect

As mentioned on page 27 some verbs are exceptional in that their compound tenses are formed with *être* rather than with *avoir*. It is therefore convenient to list these verbs alongside the reflexive ones, to which they are similar apart from not requiring a reflexive pronoun:

aller   to go
sortir   to go out
partir   to go away, to set out
venir   to come
revenir   to come back
devenir   to become
arriver   to arrive
entrer   to enter
rester   to remain, to stay
tomber   to fall

Remember that the past participle must agree in gender and number with the subject. If *you* is masculine singular, use *allé*; if feminine singular, *allée*; if feminine plural, *allées*, and so on. A model compound perfect tense follows:

I went *or* I have gone	*je suis allé (allée)*
you (*fam.*) went,	
you (*fam.*) have gone	*tu es allé (allée)*
he went, he has gone	*il est allé*
she went, she has gone	*elle est allée*
we went, we have gone	*nous sommes allés (allées)*
you went, you have gone	*vous êtes allés (allées)*
they went, they have gone	*ils sont allés*
they (*f.*) went,	
they (*f.*) have gone	*elles sont allées*

Impersonal verbs

Impersonal verbs have no person or thing as their subject, and are only used in the third person singular:

Il importe   It matters
Il a fallu   It has been necessary
Il arrive   It happens
Pleuvait-il?   Was it raining?
Il ne reste pas   There does not remain

Y avoir, 'there...to be', is formed by putting *y* before the third person singular of *avoir*:

Il y a   there is
Il n'y a pas   There is not
Y a-t-il?   Is there?
N'y a-t-il pas?   Is there not?
Il y aura   There will be
N'y aurait-il pas?   Would there not be?

Translation of 'to' before a verb

The second of two verbs coming together must be in the infinitive: *I must* **speak** = *Je dois* **parler**. (The auxiliaries *avoir* and *être* are followed by the past participle.)

When **to** comes before this second verb, it must be translated. Remember that *parler, finir,* do not mean **to** speak, **to** finish, but are simply the infinitives *speak, finish*. The following are the various ways in which **to** must be translated:

1 **To** between two verbs is generally translated *de*, unless meaning *in order to* — when it is rendered by *pour*:

> I advise you **to** speak to him
> *Je vous conseille de lui parler*

> We did it (in order) **to** please him
> *Nous l'avons fait **pour** lui plaire*

2 **To** before a second verb is translated *à* when coming after one of the following verbs (the most important are marked in bold):

s'abaisser	s'animer
aboutir	s'appliquer
s'accorder	**apprendre**
accoutumer	s'apprêter
s'acharner	aspirer
admettre	s'assujettir
s'adonner	s'attacher
aider	s'attendre
aimer†	autoriser
s'amuser	**avoir**

†*aimer* is usually followed by *à*, or no preposition; occasionally by *de*.

36

avoir peine	s'habituer
balancer	se hasarder
borner	hésiter
chercher	intéresser
se complaire	**inviter**
concourir	se mettre
se condamner	montrer
condescendre	s'obstiner
consentir	s'offrir
consister	pencher
conspirer	persister
contribuer	se plier
convier	porter
se décider	pousser
se destiner	prendre plaisir
déterminer	**préparer**
se déterminer	procéder
se dévouer	provoquer
se disposer	**recommencer**
employer	réduire
encourager	se réduire
engager	se refuser
enhardir	**renoncer**
s'enhardir	résigner
s'entendre	se résoudre
être	réussir
s'évertuer	**songer**
exceller	soumettre
exciter	tendre
s'exercer	tenir
exhorter	travailler
s'exposer	viser
se fatiguer	se vouer
se former	

He will not consent **to** do it. *Il ne consentira pas **à** le faire.*

I am trying **to** understand you. *Je cherche **à** vous comprendre.*

3 **To** before a second verb is **not translated** at all when coming after one of the following verbs, or after verbs of motion and those denoting a sense (*courir, sentir*):

aimer mieux	nier
aller	**oser**
assurer	paraître
compter	penser
croire	**pouvoir**
daigner	prétendre
déclarer	préférer
désirer	regarder
devoir	revenir
entendre	savoir
envoyer	sembler
espérer	souhaiter
faillir	soutenir
faire	**valoir mieux**
falloir	**venir**
s'imaginer	**voir**
laisser	voler
mener	**vouloir**

He is **going to** sing
Il va chanter

Does he **dare to** come?
Ose-t-il venir?

4 *To* before a second verb is translated by either *à* or *de* when it comes after one of the following verbs, according to meaning or euphony; *à*, however, is more usual:

s'accoutumer	contraindre
aimer	convier
commencer	demander
consentir	déterminer
continuer	s'efforcer

38

s'empresser	oublier
s'engager	plaire
s'ennuyer	prier
s'entêter	refuser
essayer	répugner
forcer	servir
s'habituer	souffrir
haïr	suffire
se hasarder	tâcher
se lasser	tarder
manquer	se tuer
obliger	venir
s'occuper	

The following differences in meaning, according to whether *à* or *de* is used, should be noted. Any other differences are very slight and unimportant.

4(i) *Plaire, répugner, servir, suffire* and *tarder* are followed by *de* when used impersonally, in other cases by *à*:

It pleases me to do that
Il me plaît de faire cela
Do not delay in doing it
Ne tardez pas à le faire

4(ii) *Manquer à* implies omission or neglect:

I have omitted to write to him
J'ai manqué à lui écrire

4(iii) *Manquer de* is used in the sense of 'to nearly do a thing':

He almost lost his life
Il a manqué de perdre la vie

4(iv) *S'empresser*, 'to be eager to', may be followed by *à* or *de*. But when meaning 'to haste' it always takes *de*.

4(v) *Venir à* means 'to chance' or 'happen to':

If he happened to lose it
S'il venait à le perdre

4(vi) *Venir de* means 'to have just', used in idiomatic tenses (see page 29).

The following verbs, which in English are followed by a preposition before their object, take **no** preposition in French:

admettre, *to admit of*
aller chercher, *to go for*
approuver, *to approve of*
attendre, *to wait for*
chercher, *to look for*
écouter, *to listen to*
envoyer chercher, *to send for*
espérer, *to hope for*
fournir, *to supply with*
prier Dieu, *to pray to God*
regarder, *to look at*
rencontrer, to meet with

I am waiting **for** my friend
J'attends mon ami

Look **at** that man
Regardez cet homme

The following verbs, which in English are **not** followed by a preposition before their object, take *à* in French (*toucher* can also be used without a following preposition):

apprendre, *to teach (any one)*
conseiller, *to advise*
convenir, *to suit*
dire, *to tell (any one)*
enseigner, *to teach*
nuire, *to hurt*
obéir, *to obey*
ordonner, *to order*
pardonner, *to forgive*
parvenir, *to attain, manage*
permettre, *to permit*
plaire, *to please*
remédier, *to remedy*
renoncer, *to renounce*
résigner, *to resign*
résister, *to resist*
ressembler, *to resemble*
succéder, *to succeed, follow*
survivre, *to outlive*
toucher, *to touch*

The soldiers obey the officers
*Les soldats obéissent **aux** officiers*

Do not touch this picture
*Ne touchez pas **à** ce tableau*

Interrogative & negative forms

The interrogative

Questions are formed in French by placing the pronouns after the verb; the verb and pronoun are connected by a hyphen, so that *j'ai* (I have) become *ai-je?* when made interrogative (have I?)

Have I?   *Ai-je?*
Have you? *(fam. sing.)*   *As-tu?*
Has he?/Has she?   *A-t-il?/A-t-elle?*
Have we?   *Avons-nous?*
Have you?   *Avez-vous?*
Have they?   *Ont-ils?/Ont-elles?*

The words *do*, *does*, *did*, which are used in questions in English, are not translated in French:

Do you speak? = Speak you ?   *Parlez-vous?*
Does she sell? = Sells she?   *Vend-elle?*

If the verb ends in a vowel in the third person singular, a *t* between two hyphens is inserted between the verb and the pronoun:

Has he?   *A-t-il?*
Does he speak?   *Parle-t-il?*
Will she be?   *Sera-t-elle?*
Did he speak?   *Parla-t-il?*

The negative

Negations are formed in French by two words, *ne...pas,* meaning *not.* Put *ne* before the verb and *pas* after it; if *ne* happens to be before a vowel, it becomes *n':*

I am not   *Je ne suis pas*
I have not   *Je n'ai pas*
Are they not?   *Ne sont-ils pas?*
Have you not   *N'avez-vous pas?*

Do, does and *did* are not translated:

I do not speak   *Je ne parle pas*
Does he not speak?   *Ne parle-t-il pas?*

In compound tenses, *pas* is put after the auxiliary, as happens in English:

I have not spoken   *Je n'ai pas parlé*
Have I not spoken?   *N'ai-je pas parlé?*

Irregular verbs

Pages 49-85 consist of 74 irregular verbs arranged in alphabetical order and numbered accordingly. These verbs are fully conjugated (apart from the imperative, which is always formed in a regular way, from the present indicative and the subjunctive), and include all those ending in -oir mentioned on page 13. Then follow six verbs with minor irregularities, and a further fourteen known as defective verbs. This compilation of 94 irregular verbs does not include those which derive from a root verb and conjugate exactly like it. *Tenir*, for example, is the root verb of *s'abstenir, appartenir, s'entretenir, maintenir, obtenir, retenir* and *soutenir;* but only *tenir* figures in the compilation.

Complete list of irregular verbs

A **complete** list of the irregular verbs is set out below, arranged alphabetically and numbered so that you may cross-refer to each one (or its root verb) in the later pages. Those shown in bold type occur most often and should be learned first. Although all the derivatives are included in this list, only those that are not conjugated exactly like their root verbs need be learned.

abattre *to pull down*	75	**aller** *to go*	3
absoudre *to absolve*	1	**aller (s'en)** *go away*	3
abstenir (s') *abstain*	66	**apercevoir** *to perceive*	52
abstraire *to abstract*	67	apparaître *to appear*	42
accourir *to run to*	13	**appartenir** *belong*	66
accroire *to persuade*	16	**apprendre** *to learn*	49
accroître *to increase*	17	assaillir *to assail*	4
accueillir *to welcome*	18	**asseoir (s')** *sit down*	5
acquérir *acquire*	2	astreindre *to subject*	44
adjoindre *to adjoin*	31	atteindre *to reach*	44
admettre *to admit*	34	**battre** *to beat*	75

45

Conjugated irregular verbs 1-74

1 **absoudre** *to absolve*

PARTICIPLES: absolvant, *absolving;* absous or absoute, *absolved*

PRESENT: j'absous, tu absous, il absout, nous absolvons, vous absolvez, ils absolvent

FUTURE: j'absoudrai, tu absoudras, il absoudra, nous absoudrons, vous absoudrez, ils absoudront

CONDITIONAL: j'absoudrais, tu absoudrais, il absoudrait, nous absoudrions, vous absoudriez, ils absoudraient

IMPERFECT: j'absolvais, tu absolvais, il absolvait, nous absolvions, vous absolviez, ils absolvaient

PAST HISTORIC: —

PRES. SUBJUNC.: j'absolve, tu absolves, il absolve, nous absolvions, vous absolviez, ils absolvent

IMPERF. SUBJ.: —

2 **acquérir** *to acquire*

PARTICIPLES: acquérant, *acquiring;* acquis, *acquired*

PRESENT: j'acquiers, tu acquiers, il acquiert, nous acquérons, vous acquérez, ils acquièrent

FUTURE: j'acquerrai, tu acquerras, il acquerra, nous acquerrons, vous acquerrez, ils acquerront

CONDITIONAL: j'acquerrais, tu acquerrais, il acquerrait, nous acquerrions, vous acquerriez, ils acquerraient

IMPERFECT: j'acquérais, tu acquérais, il acquérait, nous acquérions, vous acquériez, ils acquéraient

PAST HISTORIC: j'acquis, tu acquis, il acquit, nous acquîmes, vous acquîtes, ils acquirent

PRES. SUBJUNC.: j'acquière, tu acquières, il acquière, nous acquiérions, vous acquiériez, ils acquièrent

IMPERF. SUBJ.: j'acquisse, tu acquisses, il acquît, nous acquissions, vous acquissiez, ils acquissent

3 aller *to go*

PARTICIPLES: allant, *going;* allé, *gone*

PRESENT: je vais, tu vas, il va, nous allons, vous allez, ils vont

FUTURE: j'irai, tu iras, il ira, nous irons, vous irez, ils iront

CONDITIONAL: j'irais, tu irais, il irait, nous irions, vous iriez, ils iraient

IMPERFECT: j'allais, tu allais, il allait, nous allions, vous alliez, ils allaient

PAST HISTORIC: j'allai, tu allas, il alla, nous allâmes, vous allâtes, ils allèrent

PRES. SUBJUNC.: j'aille, tu ailles, il aille, nous allions, vous alliez, ils aillent

IMPERF. SUBJ.: j'allasse, tu allasses, il allât, nous allassions, vous allassiez, ils allassent

4 assaillir *to assail, attack*

PARTICPLES: assaillant, *assailing;* assailli, *assailed*

PRESENT: j'assaille, tu assailles, il assaille, nous assaillons, vous assaillez, ils assaillent

FUTURE: j'assaillirai, tu assailliras, il assaillira, nous assaillirons, vous assaillirez, ils assailliront

CONDITIONAL: j'assaillirais, tu assaillirais, il assaillirait, nous assaillirions, vous assailliriez, ils assailliraient

IMPERFECT: j'assaillais, tu assaillais, il assaillait, nous assaillions, vous assailliez, ils assaillaient

PAST HISTORIC: j'assaillis, tu assaillis, il assaillit, nous assaillîmes, vous assaillîtes, ils assaillirent

PRES. SUBJUNC.: j'assaille, tu assailles, il assaille, nous assaillions, vous assailliez, ils assaillent

IMPERF. SUBJ.: j'assaillisse, tu assaillisses, il assaillît, nous assaillissions, vous assaillissiez, ils assaillissent

5 s'asseoir *to sit down*

PARTICIPLES: s'asseyant, *sitting down;* assis, *sat down*

PRESENT: je m'assieds, tu t'assieds, il s'assied, nous nous asseyons, vous vous asseyez, ils s'asseient

FUTURE: je m'assiérai, tu t'assiéras, il s'assiéra, nous nous assiérons, vous vous assiérez, ils s'assiéront

CONDITIONAL: je m'assiérais, tu t'assiérais, il s'assiérait, nous nous assiérions, vous vous assiériez, ils s'assiéraient

IMPERFECT: je m'asseyais, tu t'asseyais, il s'asseyait, nous nous asseyions, vous vous asseyiez, ils s'asseyaient

PAST HISTORIC: je m'assis, tu t'assis, il s'assit, nous nous assîmes, vous vous assîtes, ils s'assirent

PRES. SUBJ.: je m'asseye, tu t'asseyes, il s'asseye, nous nous asseyions, vous vous asseyiez, ils s'asseyent

IMPERF. SUBJ.: je m'assisse, tu t'assisses, il s'assît, nous nous assissions, vous vous assissiez, ils s'assissent

6 boire *to drink*

PARTICIPLES: buvant, *drinking;* bu, *drank*

PRESENT: je bois, tu bois, il boit, nous buvons, vous buvez, ils boivent

FUTURE: je boirai, tu boiras, il boira, nous boirons, vous boirez, ils boiront

CONDITIONAL: je boirais, tu boirais, il boirait, nous boirions, vous boiriez, ils boiraient

IMPERFECT: je buvais, tu buvais, il buvait, nous buvions, vous buviez, ils buvaient

PAST HISTORIC: je bus, tu bus, il but, nous bûmes, vous bûtes, ils burent

PRES. SUBJUNC.: je boive, tu boives, il boive, nous buvions, vous buviez, ils boivent

IMPERF. SUBJ.: je busse, tu busses, il bût, nous bussions, vous bussiez, ils bussent

7 **bouillir** *to boil*

PARTICIPLES: bouillant, *boiling;* bouilli, *boiled*

PRESENT: je bous, tu bous, il bout, nous bouillons, vous bouillez, ils bouillent

FUTURE: je bouillirai, tu bouilliras, il bouillira, nous bouillirons, vous bouillirez, ils bouilliront

CONDITIONAL: je bouillirais, tu bouillirais, il bouillirait, nous bouillirions, vous bouilliriez, ils bouilliraient

IMPERFECT: je bouillais, tu bouillais, il bouillait, nous bouillions, vous bouilliez, ils bouillaient

PAST HISTORIC: je bouillis, tu bouillis, il bouillit, nous bouillîmes, vous bouillîtes, ils bouillirent

PRES. SUBJUNC.: je bouille, tu bouilles, il bouille, nous bouillions, vous bouilliez, ils bouillent

IMPERF. SUBJ.: je bouillisse, tu bouillisses, il bouillît, nous bouillissions, vous bouillissiez, ils bouillissent

8 **conclure** *to conclude*

PARTICIPLES: concluant, *concluding;* conclu, *concluded*

PRESENT: je conclus, tu conclus, il conclut, nous concluons, vous concluez, ils concluent

FUTURE: je conclurai, tu concluras, il conclura, nous conclurons, vous conclurez, ils concluront

CONDITIONAL: je conclurais, tu conclurais, il conclurait, nous conclurions, vous concluriez, ils concluraient

IMPERFECT: je concluais, tu concluais, il concluait, nous concluions, vos concluiez, ils concluaient

PAST HISTORIC: je conclus, tu conclus, il conclut, nous conclûmes, vous conclûtes, ils conclurent

PRES. SUBJUNC.: je conclue, tu conclues, il conclue, nous concluions, vous concluiez, ils concluent

IMPERF. SUBJ.: je conclusse, tu conclusses, il conclût, nous conclussions, vous conclussiez, ils conclussent

9 **conduire** *to conduct*

PARTICIPLES: conduisant, *conducting;* conduit, *conducted*

PRESENT: je conduis, tu conduis, il conduit, nous conduisons, vous conduisez, ils conduisent

FUTURE: je conduirai, tu conduiras, il conduira, nous conduirons, vous conduirez, ils conduiront

CONDITIONAL: je conduirais, tu conduirais, il conduirait, nous conduirions, vous conduiriez, ils conduiraient

IMPERFECT: je conduisais, tu conduisais, il conduisait, nous conduisions, vos conduisiez, ils conduisaient

PAST HISTORIC: je conduisis, tu conduisis, il conduisit, nous conduisîmes, vous conduisîtes, ils conduisiren

PRES. SUBJUNC.: je conduise, tu conduises, il conduise, nous conduisions, vous conduisiez, ils conduisent

IMPERF. SUBJ: je conduisisse, tu conduisisses, il conduisît, nous conduisissions, vous conduisissiez, ils conduisissent

10 **confire** *to preserve (jam, etc)*

PARTICIPLES: confisant, *preserving*; confit, *preserved*

PRESENT: je confis, tu confis, il confit, nous confisons, vous confisez, ils confisent

FUTURE: je confirai, tu confiras, il confira, nous confirons, vous confirez, ils confiront

CONDITIONAL: je confirais, tu confirais, il confirait, nous confirions, vous confiriez, ils confiraient

IMPERFECT: je confisais, tu confisais, il confisait, nous confisions, vous confisiez, ils confisaient

PAST HISTORIC: je confis, tu confis, il confit, nous confîmes, vous confîtes, ils confirent

PRES. SUBJUNC.: je confise, tu confises, il confise, nous confisions, vous confisiez, ils confisent

IMPERF. SUBJ.: je confisse, tu confisses, il confît, nous confissions, vous confissiez, ils confissent

11 **connaître** *to know*

PARTICIPLES: connaissant, *knowing*, connu, *known*

PRESENT: je connais, tu connais, il connaît, nous connaissons, vous connaissez, ils connaissent

FUTURE: je connaîtrai, tu connaîtras, il connaîtra, nous connaîtrons, vous connaîtrez, ils connaîtront

CONDITIONAL: je connaîtrais, tu connaîtrais, il connaîtrait, nous connaîtrions, vous connaîtriez, ils connaîtraient

IMPERFECT: je connaissais, tu connaissais, il connaissait, nous connaissions, vous connaissiez, ils connaissaient

PAST HISTORIC: je connus, tu connus, il connut, nous connûmes, vous connûtes, ils connurent

PRES. SUBJUNC.: je connaisse, tu connaisses, il connaisse, nous connaissions, vous connaissiez, ils connaissent

IMPERF. SUBJ.: je connusse, tu connusses, il connût, nous connussions, vous connussiez, ils connussent

12 **coudre** *to sew*

PARTICIPLES: cousant, *sewing*; cousu, *sewn*

PRESENT: je couds, tu couds, il coud, nous cousons, vous cousez, ils cousent

FUTURE: je coudrai, tu coudras, il coudra, nous coudrons, vous coudrez, ils coudront

CONDITIONAL: je coudrais, tu coudrais, il coudrait, nous coudrions, vous coudriez, ils coudraient

IMPERFECT: je cousais, tu cousais, il cousait, nous cousions, vous cousiez, ils cousaient

PAST HISTORIC: je cousis, tu cousis, il cousit, nous cousîmes, vous cousîtes, ils cousirent

PRES. SUBJUNC.: je couse, tu couses, il couse, nous cousions, vous cousiez, ils cousent

IMPERF. SUBJUNC.: je cousisse, tu cousisses, il cousît, nous coussissions, vous coussissiez, ils coussissent

13 courir *to run*

PARTICIPLES: courant, *running*; couru, *ran*

PRESENT: je cours, tu cours, il court, nous courons, vous courez, ils courent

FUTURE: je courrai, tu courras, il courra, nous courrons, vous courrez, ils courrent

CONDITIONAL: je courrais, tu courrais, il courrait, nous courrions, vous courriez, ils courraient

IMPERFECT: je courais, tu courais, il courait, nous courions, vous couriez, ils couraient

PAST HISTORIC: je courus, tu courus, il courut, nous courûmes, vous courûtes, ils coururent

PRES. SUBJUNC.: je coure, tu coures, il coure, nous courions, vous couriez, ils courent

IMPERF. SUBJ.: je courusse, tu courusses, il courût, nous courussions, vous courussiez, ils courussent

14 couvrir *to cover*

PARTICIPLES: couvrant, *covering*; couvert, *covered*

PRESENT: je couvre, tu couvres, il couvre, nous couvrons, vous couvrez, ils couvrent

FUTURE: je couvrirai, tu couvriras, il couvrira, nous couvrirons, vous couvrirez, ils couvriront

CONDITIONAL: je couvrirais, tu couvrirais, il couvrirait, nous couvririons, vous couvririez, ils couvriraient

IMPERFECT: je couvrais, tu couvrais, il couvrait, nous couvrions, vous couvriez, ils couvraient

PAST HISTORIC: je couvris, tu couvris, il couvrit, nous couvrîmes, vous couvrîtes, ils couvrirent

PRES. SUBJUNC.: je couvre, tu couvres, il couvre, nous couvrions, vous couvriez, ils couvrent

IMPERF. SUBJ.: je couvrisse, tu couvrisses, il couvrît, nous couvrissions, vous couvrissiez, ils couvrissent

15 **craindre** *to fear*

PARTICIPLES: craignant, *fearing;* craint, *feared*

PRESENT: je crains, tu crains, il craint, nous craignons, vous craignez, ils craignent

FUTURE: je craindrai, tu craindras, il craindra, nous craindrons, vous craindrez, ils craindront

CONDITIONAL: je craindrais, tu craindrais, il craindrait, nous craindrions, vous craindriez, ils craindraient

IMPERFECT: je craignais, tu craignais, il craignait, nous craignions, vous craigniez, ils craignaient

PAST HISTORIC: je craignis, tu craignis, il craignit, nous craignîmes, vous craignîtes, ils craignirent

PRES. SUBJUNC.: je craigne, tu craignes, il craigne, nous craignions, vous craigniez, ils craignent

IMPERF. SUBJ.: je craignisse, tu craignisses, il craignît, nous craignissions, vous craignissiez, ils craignissent

16 **croire** *to believe*

PARTICIPLES: croyant, *believing*; cru, *believed*

PRESENT: je crois, tu crois, il croit, nous croyons, vous croyez, ils croient

FUTURE: je croirai, tu croiras, il croira, nous croirons, vous croirez, ils croiront

CONDITIONAL: je croirais, tu croirais, il croirait, nous croirions, vous croiriez, ils croiraient

IMPERFECT: je croyais, tu croyais, il croyait, nous croyions, vous croyiez, ils croyaient

PAST HISTORIC: je crus, tu crus, il crut, nous crûmes, vous crûtes, ils crurent

PRES. SUBJUNC.: je croie, tu croies, il croie, nous croyions, vous croyiez, ils croient

IMPERF. SUBJ.: je crusse, tu crusses, il crût, nous crussions, vous crussiez, ils crussent

17 **croître** *to grow*

PARTICIPLES: croissant, *growing*; crû/crue, crus/crues, *grown*

PRESENT: je croîs, tu croîs, il croît, nous croissions, vous croissez, ils croissent

FUTURE: je croîtrai, tu croîtras, il croîtra, nous croîtrons, vous croîtrez, ils croîtront

CONDITIONAL: je croîtrais, tu croîtrais, il croîtrait, nous croîtrions, vous croîtriez, ils croîtraient

IMPERFECT: je croissais, tu croissais, il croissait, nous croissions, vous croissiez, ils croissaient

PAST HISTORIC: je crûs, tu crûs, il crût, nous crûmes, vous crûtes, ils crûrent

PRES. SUBJUNC.: je croisse, tu croisses, il croisse, nous croissions, vous croissiez, ils croissent

IMPERF. SUBJ.: je crûsse, tu crûsses, il crût, nous crûssions, vous crûssiez, ils crûssent

18 **cueillir** *to gather*

PARTICIPLES: cueillant, *gathering*; cueilli, *gathered*

PRESENT: je cueille, tu cueilles, il cueille, nous cueillons, vous cueillez, ils cueillent

FUTURE: je cueillerai, tu cueilleras, il cueillera, nous cueillerons, vous cueillerez, ils cueilleront

CONDITIONAL: je cueillerais, tu cueillerais, il cueillerait, nous cueillerions, vous cueilleriez, ils cueilleraient

IMPERFECT: je cueillais, tu cueillais, il cueillait, nous cueillions, vous cueilliez, ils cueillaient

PAST HISTORIC: je cueillis, tu cueillis, il cueillit, nous cueillîmes, vous cueillîtes, ils cueillerent

PRES. SUBJUNC.: je cueille, tu cueilles, il cueille, nous cueillions, vous cueilliez, ils cueillent

IMPERF. SUBJ.: je cueillisse, tucueillisses, il cueillît, nous cueillissions, vous cueillissiez, ils cueillissent

19 déchoir *to decay*

PARTICIPLES: —; déchu,*decayed*

PRESENT: je déchois, tu déchois, il déchoit, nous déchoyons, vous déchoyez, ils déchoient

FUTURE: je décherrai, tu décherras, il décherra, nous décherrons, vous décherrez, ils décherront

CONDITIONAL: je décherrais, tu décherrais, il décherrait, nous décherrions, vous décherriez, ils décherraient

IMPERFECT: —

PAST HISTORIC: je déchus, tu déchus, il déchut, nous déchûmes, vous déchûtes, ils déchurent

PRES. SUBJUNC.: je déchoie, tu déchoies, il déchoie, nous déchoyions, vous déchoyiez, ils déchoient

IMPERF. SUBJ.: je déchusse, tu déchusses, il déchût, nous déchussions, vous déchussiez, ils déchussent

20 devoir *to owe, to have to*

PARTICIPLES: devant, *owing*; dû/due, dus/dues, *owed*

PRESENT: je dois, tu dois, il doit, nous devons, vous devez, ils doivent

FUTURE: je devrai, tu devras, il devra, nous devrons, vous devrez, ils devront

CONDITIONAL: je devrais, tu devrais, il devrait, nous devrions, vous devriez, ils devraient

IMPERFECT: je devais, tu devais, il devait, nous devions, vous deviez, ils devaient

PAST HISTORIC: je dus, tu dus, il dut, nous dûmes, vous dûtes, ils durent

PRES. SUBJUNC.: je doive, tu doives, il doive, nous devions, vous deviez, ils doivent

IMPERF. SUBJ.: je dusse, tu dusses, il dût, nous dussions, vous dussiez, ils dussent

21 **dire** *to say, tell*

PARTICIPLES: disant, *saying*; dit, *said*

PRESENT: je dis, tu dis, il dit, nous disons, vous dites, ils disent

FUTURE: je dirai, tu diras, il dira, nous dirons, vous direz, ils diront

CONDITIONAL: je dirais, tu dirais, il dirait, nous dirions, vous diriez, ils diraient

IMPERFECT: je disais, tu disais, il disait, nous disions, vous disiez, ils disaient

PAST HISTORIC: je dis, tu dis, il dit, nous dîmes, vous dîtes, ils dirent

PRES. SUBJUNC.: je dise, tu dises, il dise, nous disions, vous disiez, ils disent

IMPERF. SUBJ.: je disse, tu disses, il dît, nous dissions, vous dissiez, ils dissent

22 **dormir** *to sleep*

PARTICIPLES: dormant, *sleeping*; dormi, *slept*

PRESENT: je dors, tu dors, il dort, nous dormons, vous dormez, ils dorment

FUTURE: je dormirai, tu dormiras, il dormira, nous dormirons, vous dormirez, ils dormiront

CONDITIONAL: je dormirais, tu dormirais, il dormirait, nous dormirions, vous dormiriez, ils dormiraient

IMPERFECT: je dormais, tu dormais, il dormait, nous dormions, vous dormiez, ils dormaient

PAST HISTORIC: je dormis, tu dormis, il dormit, nous dormîmes, vous dormîtes, ils dormirent

PRES. SUBJUNC.: je dorme, tu dormes, il dorme, nous dormions, vous dormiez, ils dorment

IMPERF. SUBJ.: je dormisse, tu dormisses, il dormît, nous dormissions, vous dormissiez, ils dormissent

23 **échoir** *to fall due*

PARTICIPLES: échéant, *falling due*; échu, *fallen due*

PRESENT: il échoit

FUTURE: il écherra

CONDITIONAL: il écherrait

IMPERFECT: il écheait

PAST HISTORIC: il échut

PRES. SUBJUNC.: il échoie

IMPERF. SUBJ.: il échût

24 **écrire** *to write*

PARTICIPLES: écrivant, *writing*; écrit, *written*

PRESENT: j'écris, tu écrit, il écrit, nous écrivons, vous écrivez, ils écrivent

FUTURE: j'écrirai, tu écriras, il écrira, nous écrirons, vous écrirez, ils écriront

CONDITIONAL: j'écrirais, tu écrirais, il écrirait, nous écririons, vous écririez, ils écriraient

IMPERFECT: j'écrivais, tu écrivais, il écrivait, nous écrivions, vous écriviez, ils écrivaient

PAST HISTORIC: j'écrivis, tu écrivis, il écrivit, nous écrivîmes, vous écrivîtes, ils écrivirent

PRES. SUBJUNC.: j'écrive, tu écrives, il écrive, nous écrivions, vous écriviez, ils écrivent

IMPERF. SUBJ.: j'écrivisse, tu écrivisses, il écrivît, nous écrivissions, vous écrivissiez, ils écrivissent

25 **envoyer** *send*

PARTICIPLES: envoyant *sending*, envoyé, *sent*

PRESENT: j'envoie, tu envoies, il envoie, nous envoyons, vous envoyez, ils envoient

FUTURE: j'enverrai, tu enverras, il enverra, nous enverrons, vous enverrez, ils enverront

CONDITIONAL: j'enverrais, tu enverrais, il enverrait, nous enverrions, vous enverriez, ils enverraient

IMPERFECT: j'envoyais, tu envoyais, il envoyait, nous envoyions, vous envoyiez, ils envoyaient

PAST HISTORIC: j'envoyai, tu envoyas, il envoya, nous envoyâmes, vous envoyâtes, ils envoyèrent

PRES. SUBJUNC.: j'envoie, tu envoies, il envoie, nous envoyions, vous envoyiez, ils envoient

IMPERF. SUBJ.: j'envoyasse, tu envoyasses, il envoyât, nous envoyassions, vous envoyassiez, ils envoyassent

26 **exclure** *to exclude*

PARTICIPLES: excluant, *excluding*; exclu, *excluded*

PRESENT: j'exclus, tu exclus, il exclut, nous excluons, vous excluez, ils excluent

FUTURE: j'exclurai, tu excluras, il exclura, nous exclurons, vous exclurez, il excluront

CONDITIONAL: j'exclurais, tu exclurais, il exclurait, nous exclurions, vous excluriez, ils excluraient

IMPERFECT: j'excluais, tu excluais, il excluait, nous excluions, vous excluiez, ils excluaient

PAST HISTORIC: j'exclus, tu exclus, il exclut, nous exclûmes, vous exclûtes, ils exclurent

PRES. SUBJUNC.: j'exclue, tu exclues, il exclue, nous excluions, vous excluiez, ils excluent

IMPERF. SUBJ.: j'exclusse, tu exclusses, il exciût, nous exclussions, vous exclussiez, ils exclussent

27 **faire** *to make, do*

PARTICIPLES: faisant, *making*; fait, *made*

PRESENT: je fais, tu fais, il fait, nous faisons, vous faites, ils font

FUTURE: je ferai, tu feras, il fera, nous ferons, vous ferez, ils feront

CONDITIONAL: je ferais, tu ferais, il ferait, nous ferions, vous feriez, ils feraient

IMPERFECT: je faisais, tu faisais, il faisait, nous faisions, vous faisiez, ils faisaient

PAST HISTORIC: je fis, tu fis, il fit, nous fîmes, vous fîtes, ils firent

PRES. SUBJUNC.: je fasse, tu fasses, il fasse, nous fassions, vous fassiez, ils fassent

IMPERF. SUBJ.: je fisse, tu fisses, il fît, nous fissions, vous fissiez, ils fissent

28 **falloir** *to be necessary*

PARTICIPLES: —; fallu, *has been necessary*

PRESENT: il faut

FUTURE: il faudra

CONDITIONAL: il faudrait

IMPERFECT: il fallait

PAST HISTORIC: il fallut

PRES. SUBJUNC.: il faille

IMPERF. SUBJ.: il fallût

29 **fuir** *to flee*

PARTICIPLES: fuyant, *fleeing*; fui, *fled*

PRESENT: je fuis, tu fuis, il fuit, nous fuyons, vous fuyez, ils fuiront

FUTURE: je fuirai, tu fuiras, il fuira, nous fuirons, vous fuirez, ils fuiront

CONDITIONAL: je fuirais, tu fuirais, il fuirait, nous fuirions, vous fuiriez, ils fuiraient

IMPERFECT: je fuyais, tu fuyais, il fuyait, nous fuyions, vous fuyiez, ils fuyaient

PAST HISTORIC: je fuis, tu fuis, il fuit, nous fuîmes, vous fuîtes, ils fuirent

PRES. SUBJUNC.: je fuie, tu fuies, il fuie, nous fuyions, vous fuyiez, ils fuient

IMPERF. SUBJ.: je fuisse, tu fuisses, il fuît, nous fuissions, vous fuissiez, ils fuissent

30 **instruire** *to instruct*

PARTICIPLES: instruisant, *instructing*; instruit, *instructed*

PRESENT: j'instruis, tu instruis, il instruit, nous instruisons, vous instruisez, ils instruisent

FUTURE: j'instruirai, tu instruiras, il instruira, nous instruirons, vous instruirez, ils instruiront

CONDITIONAL: j'instruirais, tu instruirais, il instruirait, nous instruirions, vous instruiriez, ils instruiraient

IMPERFECT: j'instruisais, tu instruisais, il instruisait, nous instruisions, vous instruisiez, ils instruisaient

PAST HISTORIC: j'instruisis, tu instruisis, il instruisit, nous instruisîmes, vous instruisîtes, ils instruisirent

PRES. SUBJUNC.: j'instruise, tu instruises, il instruise, nous instruisions, vous instruisiez, ils instruisent

IMPERF. SUBJ.: j'instruisisse, tu instruisisses, il instruisît, nous instruisissions, vous instruisissiez, ils instruisissent

31 **joindre** *to join*

PARTICIPLES: joignant, *joining*; joint, *joined*

PRESENT: je joins, tu joins, il joint, nous joignons, vous joignons, ils joignent

FUTURE: je joindrai, tu joindras, il joindra, nous joindrons, vous joindrez, ils joindront

CONDITIONAL: je joindrais, tu joindrais, il joindrait, nous joindrions, vous joindriez, ils joindraient

IMPERFECT: je joignais, tu joignais, il joignait, nous joignions, vous joigniez, ils joignaient

PAST HISTORIC: je joignis, tu joignis, il joignit, nous joignîmes, vous joignîtes, ils joignirent

PRES. SUBJUNC.: je joigne, tu joignes, il joigne, nous joignions, vous joigniez, ils joignent

IMPER. SUBJ.: je joignisse, tu joignisses, il joignît, nous joignissions, vous joignissiez, ils joignissent

32 **lire** *to read*

PARTICIPLES: lisant, *reading*; lu, *read*

PRESENT: je lis, tu lis, il lit, nous lisons, vous lisez, ils lisent

FUTURE: je lirai, tu liras, il lira, nous lirons, vous lirez, ils liront

CONDITIONAL: je lirais, tu lirais, il lirait, nous lirions, vous liriez, ils liraient

IMPERFECT: je lisais, tu lisais, il lisait, nous lisions, vous lisiez, ils lisaient

PAST HISTORIC: je lus, tu lus, il lut, nous lûmes, vous lûtes, ils lurent

PRES. SUBJUNC.: je lise, tu lises, il lise, nous lisions, vous lisiez, ils lisent

IMPERF. SUBJ.: je lusse, tu lusses, il lût, nous lussions, vous lussiez, ils lussent

33 **mentir** *to (tell a) lie*

PARTICIPLES: mentant, *lying*; menti, *lied*

PRESENT: je mens, tu mens, il ment, nous mentons, vous mentez, ils mentent

FUTURE: je mentirai, tu mentiras, il mentira, nous mentirons, vous mentirez, ils mentiront

CONDITIONAL: je mentirais, tu mentirais, il mentirait, nous mentirions, vous mentiriez, ils mentiraient

IMPERFECT: je mentais, tu mentais, il mentait, nous mentions, vous mentiez, ils mentaient

PAST HISTORIC: je mentis, tu mentis, il mentit, nous mentîmes, vous mentîtes, ils mentirent

PRES. SUBJUNC.: je mente, tu mentes, il mente, nous mentions, vous mentiez, ils mentent

IMPERF. SUBJ.: je mentisse, tu mentisses, il mentît, nous mentissions, vous mentissiez, ils mentissent

34 **mettre** *to put*

PARTICIPLES: mettant, *putting*; mis, *put*

PRESENT: je mets, tu mets, il met, nous mettons, vous mettez, ils mettent

FUTURE: je mettrai, tu mettras, il mettra, nous mettrons, vous mettrez, ils mettront

CONDITIONAL: je mettrais, tu mettrais, il mettrait, nous mettrions, vous mettriez, ils mettraient

IMPERFECT: je mettais, tu mettais, il mettait, nous mettions, vous mettiez, ils mettaient

PAST HISTORIC: je mis, tu mis, il mit, nous mîmes, vous mîtes, ils mirent

PRES. SUBJUNC.: je mette, tu mettes, il mette, nous mettions, vous mettiez, ils mettent

IMPERF. SUBJ.: je misse, tu misses, il mît, nous missions, vous missiez, ils missent

35 **moudre** *to grind*

PARTICIPLES: moulant, *grinding*; moulu, *ground*

PRESENT: je mouds, tu mouds, il moud, nous moulons, vous moulez, ils moulent

FUTURE: je moudrai, tu moudras, il moudra, nous moudrons, vous moudrez, ils moudront

CONDITIONAL: je moudrais, tu moudrais, il moudrait, nous moudrions, vous moudriez, ils moudraient

IMPERFECT: je moulais, tu moulais, il moulait, nous moulions, vous mouliez, ils moulaient

PAST HISTORIC: je moulus, tu moulus, il moulut, nous moulûmes, vous moulûtes, ils moulurent

PRES. SUBJUNC.: je moule, tu moules, il moule, nous moulions, vous mouliez, ils moulent

IMPERF. SUBJ.: je moulusse, tu moulusses, il moulût, nous moulussions, vous moulussiez, ils moulussent

36 **mourir** *to die*

PARTICIPLES: mourant, *dying*; mort, *died*

PRESENT: je meurs, tu meurs, il meurt, nous mourons, vous mourez, ils meurent

FUTURE: je mourrai, tu mourras, il mourra, nous mourrons, vous mourrez, ils mourront

CONDITIONAL: je mourrais, tu mourrais, il mourrait, nous mourrions, vous mourriez, ils mourraient

IMPERFECT: je mourais, tu mourais, il mourait, nous mourions, vous mouriez, ils mouraient

PAST HISTORIC: je mourus, tu mourus, il mourut, nous mourûmes, vous mourûtes, ils moururent

PRES. SUBJUNC.: je meure, tu meures, il meure, nous mourions, vous mouriez, ils meurent

IMPERF. SUBJ.: je mourusse, tu mourusses, il mourût, nous mourussions, vous mourussiez, ils mourussent

37 **mouvoir** *to move*

PARTICIPLES: mouvant, *moving*; mu/mue, mus/mues, *moved*

PRESENT: je meus, tu meus, il meut, nous mouvons, vous mouvez, ils meuvent

FUTURE: je mouvrai, tu mouvras, il mouvra, nous mouvrons, vous mouvrez, ils mouvront

CONDITIONAL: je mouvrais, tu mouvrais, il mouvrait, nous mouvrions, vous mouvriez, ils mouvraient

IMPERFECT: je mouvais, tu mouvais, il mouvait, nous mouvions, vous mouviez, ils mouvaient

PAST HISTORIC: je mus, tu mus, il mut, nous mûmes, vous mûtes, ils murent

PRES. SUBJUNC.: je meuve, tu meuves, il meuve, nous mouvions, vous mouviez, ils meuvent

IMPERF. SUBJ.: je musse, tu musses, il mût, nous mussions, vous mussiez, ils mussent

38 **naître** *to be born*

PARTICIPLES: naissant, *being born*; né, *been born*

PRESENT: je nais, tu nais, il naît, nous naissons, vous naissez, ils naissent

FUTURE: ja naîtrai, tu naîtras, il naîtra, nous naîtrons, vous naîtrez, il naîtront

CONDITIONAL: je naîtrais, tu naîtrais, il naîtrait, nous naîtrions, vous naîtriez, ils naîtraient

IMPERFECT: je naissais, tu naissais, il naissait, nous naissions, vous naissiez, ils naissaient

PAST HISTORIC: je naquis, tu naquis, il naquit, nous naquîmes, vous naquîtes, ils naquirent

PRES. SUBJUNC.: je naisse, tu naisses, il naisse, nous naissions, vous naissiez, ils naissent

IMPERF. SUBJ.: je naquisse, tu naquisses, il naquît, nous naquissions, vous naquissiez, ils naquissent

39 **nuire** *to hurt (be hurtful)*

PARTICIPLES: nuisant, *hurting*; nui, *hurt*

PRESENT: je nuis, tu nuis, il nuit, nous nuisons, vous nuisez, ils nuisent

FUTURE: je nuirai, tu nuiras, il nuira, nous nuirons, vous nuirez, ils nuiront

CONDITIONAL: je nuirais, tu nuirais, il nuirait, nous nuirions, vous nuiriez, ils nuiraient

IMPERFECT: je nuisais, tu nuisais, il nuisait, nous nuisions, vous nuisiez, ils nuisaient

PAST HISTORIC: je nuisis, tu nuisis, il nuisit, nous nuisîmes, vous nuisîtes, ils nuisirent

PRES. SUBJUNC.: je nuise, tu nuises, il nuise, nous nuisions, vous nuisiez, ils nuisent

IMPERF SUBJ.: je nuisisse, tu nuisisses, il nuisît, nous nuisissions, vous nuisissiez, ils nuisissent

40 **offrir** *to offer*

PARTICIPLES: offrant, *offering*; offert, *offered*

PRESENT: j'offre, tu offres, il offre, nous offrons, vous offrez, ils offrent

FUTURE: j'offrirai, tu offriras, il offrira, nous offrirons, vous offrirez, ils offriront

CONDITIONAL: j'offrirais, tu offrirais, il offrirait, nous offririons, vous offririez, ils offriraient

IMPERFECT: j'offrais, tu offrais, il offrait, nous offrions, vous offriez, ils offraient

PAST HISTORIC: j'offris, tu offris, il offrit, nous offrîmes, vous offrîtes, ils offrirent

PRES. SUBJUNC.: j'offre, tu offres, il offre, nous offrions, vous offriez, ils offrent

IMPERF. SUBJ.: j'offrisse, tu offrisses, il offrît, nous offrissions, vous offrissiez, ils offrissent

41 **ouvrir** *to open*

PARTICIPLES: ouvrant, *opening*; ouvert, *opened*

PRESENT: j'ouvre, tu ouvres, il ouvre, nous ouvrons, vous ouvrez, ils ouvrent

FUTURE: j'ouvrirai, tu ouvriras, il ouvrira, nous ouvrirons, vous ouvrirez, ils ouvriront

CONDITIONAL: j'ouvrirais, tu ouvrirais, il ouvrirait, nous ouvririons, vous ouvririez, ils ouvriraient

IMPERFECT: j'ouvrais, tu ouvrais, il ouvrait, nous ouvrions, vous ouvriez, ils ouvraient

PAST HISTORIC: j'ouvris, tu ouvris, il ouvrit, nous ouvrîmes, vous ouvrîtes, ils ouvrirent

PRES. SUBJUNC.: j'ouvre, tu ouvres, il ouvre, nous ouvrions, vous ouvriez, ils ouvrent

IMPERF. SUBJ.: j'ouvrisse, tu ouvrisses, il ouvrît, nous ouvrissions, vous ouvrissiez, ils ouvrissent

42 **paraître,** *to appear*

PARTICIPLES: paraissant, *appearing*; paru, *appeared*

PRESENT: je parais, tu parais, il paraît, nous paraissons, vous paraissez, ils paraissent

FUTURE: je paraîtrai, tu paraîtras, il paraîtra, nous paraîtrons, vous paraîtrez, ils paraîtront

CONDITIONAL: je paraîtrais, tu paraîtrais, il paraîtrait, nous paraîtrions, vous paraîtriez, ils paraîtraient

IMPERFECT: je paraissais, tu paraissais, il paraissait, nous paraissions, vous paraissiez, ils paraissaient

PAST HISTORIC: je parus, tu parus, il parut, nous parûmes, vous parûtes, ils parurent

PRES. SUBJUNC.: je paraisse, tu paraisses, il paraisse, nous paraissions, vous paraissiez, ils paraissent

IMPERF. SUBJ.: je parusse, tu parusses, il parût, nous parussions, vous parussiez, ils parussent

43 **partir** *to go away*

PARTICIPLES: partant, *going away*; parti, *gone away*

PRESENT: je pars, tu pars, il part, nous partons, vous partez, ils partent

FUTURE: je partirai, tu partiras, il partira, nous partirons, vous partirez, ils partiront

CONDITIONAL: je partirais, tu partirais, il partirait, nous partirions, vous partiriez, ils partiraient

IMPERFECT: je partais, tu partais, il partait, nous partions, vous partiez, ils partaient

PAST HISTORIC: je partis, tu partis, il partit, nous partîmes, vous partîtes, ils partirent

PRES. SUBJUNC.: je parte, tu partes, il parte, nous partions, vous partiez, ils partent

IMPERF. SUBJ.: je partisse, tu partisses, il partît, nous partissions, vous partissiez, ils partissent

44 **peindre** *to paint*

PARTICIPLES: peignant, *painting*; peint, *painted*

PRESENT: je peins, tu peins, il peint, nous peignons, vous peignez, ils peignent

FUTURE: je peindrai, tu peindras, il peindra, nous peindrons, vous peindrez, ils peindront

CONDITIONAL: je peindrais, tu peindrais, il peindrait, nous peindrions, vous peindriez, ils peindraient

IMPERFECT: je peignais, tu peignais, il peignait, nous peignions, vous peigniez, ils peignaient

PAST HISTORIC: je peignis, tu peignis, il peignit, nous peignîmes, vous peignîtes, ils peignirent

PRES. SUBJUNC.: je peigne, tu peignes, il peigne, nous peignions, vous peigniez, il peignent

IMPERF. SUBJ.: je peignisse, tu peignisses, il peignît, nous peignissions, vous peignissiez, ils peignissent

45 **plaire** *to please*

PARTICIPLES: plaisant, *pleasing*; plu, *pleased*

PRESENT: je plais, tu plais, il plaît, nous plaisons, vous plaisez, ils plaisent

FUTURE: je plairai, tu plairas, il plaira, nous plairons, vous plairez, ils plairont

CONDITIONAL: je plairais, tu plairais, il plairait, nous plairions, vous plairiez, ils plairaient

IMPERFECT: je plaisais, tu plaisais, il plaisait, nous plaisions, vous plaisiez, ils plaisaient

CONDITIONAL: je plus, tu plus, il plut, nous plûmes, vou plûtes, ils plurent

PRES. SUBJUNC.: je plaise, tu plaises, il plaise, nous plaisions, vous plaisiez, ils plaisent

IMPERF. SUBJ.: je plusse, tu plusses, il plût, nous plussions, vous plussiez, ils plussent

46 **pleuvoir** *to rain*

PARTICIPLES: pleuvant, *raining*; plu, *rained*

PRESENT: il pleut

FUTURE: il pleuvra

CONDITIONAL: il pleuvrait

IMPERFECT: il pleuvait

PAST HISTORIC: il plut

PRES. SUBJUNC.: il pleuve

IMPERF. SUBJ.: il plût

47 **pourvoir** *to purvey, provide*

PARTICIPLES: pourvoyant, *purveying*; pourvu, *purveyed*

PRESENT: je pourvois, tu pourvois, il pourvoit, nous pourvoyons, vous pourvoyez, ils pourvoient

FUTURE: je pourvoirai, tu pourvoiras, il pourvoira, nous pourvoirons, vous pourvoirez, ils pourvoiront

CONDITIONAL: je pourvoirais, tu pourvoirais, il pourvoirait, nous pourvoirions, vous pourvoiriez, ils pourvoiraient

IMPERFECT: je pourvoyais, tu pourvoyais, il pourvoyait, nous pourvoyions, vous pourvoyiez, ils pourvoyaient

PAST HISTORIC: je pourvus, tu pourvus, il pourvut, nous pourvûmes, vous pourvûtes, ils pourvurent

PRES. SUBJUNC.: je pourvoie, tu pourvoies, il pourvoie, nous pourvoyions, vous pourvoyiez, ils pourvoyaient

IMPERF. SUBJ.: je pourvusse, tu pourvusses, il pourvût, nous pourvussions, vous pourvussiez, ils pourvussent

48 **pouvoir** *to be able*

PARTICIPLES: pouvant, *being able*; pu *been able*

PRESENT: je peux, tu peux, il peut, nous pouvons, vous pouvez, ils peuvent

FUTURE: je pourrai, tu pourras, il pourra, nous pourrons, vous pourrez, ils pourront

CONDITIONAL: je pourrais, tu pourrais, il pourrait, nous pourrions, vous pourriez, ils pourraient

IMPERFECT: je pouvais, tu pouvais, il pouvait, nous pouvions, vous pouviez, ils pouvaient

PAST HISTORIC: je pus, tu pus, il put, nous pûmes, vous pûtes, ils purent

PRES. SUBJUNC.: je puisse, tu puisses, il puisse, nous puissions, vous puissiez, ils puissent

IMPERF. SUBJ.: je pusse, tu pusses, il pût, nous pussions, vous pussiez, ils pussent

49 **prendre** *to take*

PARTICIPLES: prenant, *taking*; pris, *taken*

PRESENT: je prends, tu prends, il prend, nous prenons, vous prenez, ils prennent

FUTURE: je prendrai, tu prendras, il prendra, nous prendrons, vous prendrez, ils prendront

CONDITIONAL: je prendrais, tu prendrais, il prendrait, nous prendrions, vous prendriez, ils prendraient

IMPERFECT: je prenais, tu prenais, il prenait, nous prenions, vous preniez, ils prenaient

PAST HISTORIC: je pris, tu pris, il prit, nous prîmes, vous prîtes, ils prirent

PRES. SUBJUNC.: je prenne, tu prennes, il prenne, nous prenions, vous preniez, ils prennent

IMPERF. SUBJ.: je prisse, tu prisses, il prît, nous prissions, vous prissiez, ils prissent

50 **prévaloir** *to prevail*

PARTICIPLES: prévalant, *prevailing*; prévalu, *prevailed*

PRESENT: je prévaux, tu prévaux, il prévaut, nous prévalons, vous prévalez, ils prévalent

FUTURE: je prévaudrai, tu prévaudras, il prévaudra, nous prévaudrons, vous prévaudrez, ils prévaudront

CONDITIONAL: je prévaudrais, tu prévaudrais, il prévaudrait, nous prévaudrions, vous prévaudriez, ils prévaudraient

IMPERFECT: je prévalais, tu prévalais, il prévalait, nous prévalions, vous prévaliez, ils prévalaient

PAST HISTORIC: je prévalus, tu prévalus, il prévalut, nous prévalûmes, vos prévalûtes, ils prévalurent

PRES. SUBJUNC.: je prévale, tu prévales, il prévale, nous prévalions, vous prévaliez, ils prévalent

IMPERF. SUBJ.: je prévalusse, tu prévalusses, il prévalût, nous prévalussions, vous prévalussiez, ils prévalussent

51 **prévoir** *to foresee*

PARTICIPLES: prévoyant, *foreseeing*; prévu, *foreseen*

PRESENT: je prévois, tu prévois, il prévoit, nous prévoyons, vous prévoyez, ils prévoient

FUTURE: je prévoirai, tu prévoiras, il prévoira, nous prévoirons, vous prévoirez, ils prévoiront

CONDITIONAL: je prévoirais, tu prévoirais, il prévoirait, nous prévoirions, vous prévoiriez, ils prévoiraient

IMPERFECT: je prévoyais, tu prévoyais, il prévoyait, nous prévoyions, vous prévoyiez, ils prévoyaient

PAST HISTORIC: je prévis, tu prévis, il prévit, nous prévîmes, vous prévîtes, ils prévirent

PRES. SUBJUNC.: je prévoie, tu prévoies, il prévoie, nous prévoyions, vous prévoyiez, ils prévoient

IMPERF. SUBJ.: je prévisse, tu prévisses, il prévît, nous prévissions, vous prévissiez, ils prévissent

52 **recevoir** *to receive*

PARTICIPLES: recevant, *receiving*; reçu, *received*

PRESENT: je reçois, tu reçois, il reçoit, nous recevons, vous recevez, ils reçoivent

FUTURE: je recevrai, tu recevras, il recevra, nous recevrons, vous recevrez, ils recevront

CONDITIONAL: je recevrais, tu recevrais, il recevrait, nous recevrions, vous recevriez, ils recevraient

IMPERFECT: je recevais, tu recevais, il recevait, nous recevions, vous receviez, ils recevaient

PAST HISTORIC: je reçus, tu reçus, il reçut, nous reçûmes, vous reçûtes, ils reçurent

PRES. SUBJUNC.: je reçoive, tu reçoives, il reçoive, nous recevions, vous receviez, ils reçoivent

IMPERF. SUBJ.: je reçusse, tu reçusses, il reçut, nous reçussions, vous reçussiez, ils reçussent

53 **repaître** *to feed*

PARTICIPLES: repaissant, *feeding*; repu, *fed*

PRESENT: je repais, tu repais, il repaît, nous repaissons, vous repaissez, ils repaissent

FUTURE: je repaîtrai, tu repaîtras, il repaîtra, nous repaîtrons, vous repaîtrez, ils repaîtront

CONDITIONAL: je repaîtrais, tu repaîtrais, il repaîtrait, nous repaîtrions, vous repaîtriez, ils repaîtraient

IMPERFECT: je repaissais, tu repaissais, il repaissait, nous repaissions, vous repaissiez, ils repaissaient

PAST HISTORIC: je repus, tu repus, il reput, nous repûmes, vous repûtes, ils repurent

PRES. SUBJUNC.: je repaisse, tu repaisses, il repaisse, nous repaissions, vous repaissiez, ils repaissent

IMPERF. SUBJ.: je repusses, tu repusses, il repût, nous repussions, vous repussiez, ils repussent

54 **se repentir** *to repent*

PARTICIPLES: se repentant, *repenting*; se repenti, *repented*

PRESENT: je me repens, tu te repens, il se repent, nous nous repentons, vous vous repentez, ils se repentent

FUTURE: je me repentirai, tu te repentiras, il se repentira, nous nous repentirons, vous vous repentirez, ils se repentiront

CONDITIONAL: je me repentirais, tu te repentirais, il se repentirait, nous nous repentirions, vous vous repentiriez, ils se repentiraient

IMPERFECT: je me repentais, tu te repentais, il se repentait, nous nous repentions, vous vous repentiez, ils se repentaient

PAST HISTORIC: je me repentis, tu te repentis, il se repentit, nous nous repentîmes, vous vous repentîtes, ils se repentirent

PRES. SUBJUNC.: je me repente, tu te repentes, il se repente, nous nous repentions, vous vous repentiez, ils se repentent

IMPERF. SUBJ.: je me repentisse, tu te repentisses, il se repentît, nous nous repentissions, vous vous repentissiez, ils se repentissent

55 résoudre *to resolve*

PARTICIPLES: résolvant, *resolving*; résolu, *resolved* (résous, *chemically solved*)

PRESENT: je résous, tu résous, il résout, nous résolvons, vous résolvez, ils résolvent

FUTURE: je résoudrai, tu résoudras, il résoudra, nous résoudrons, vous résoudrez, ils résoudront

CONDITIONAL: je résoudrais, tu résoudrais, il résoudrait, nous résoudrions, vous résoudriez, ils résoudraient

IMPERFECT: je résolvais, tu résolvais, il résolvait, nous résolvions, vous résolviez, ils résolvaient

PAST HISTORIC: je résolus, tu résolus, il résolut, nous résolûmes, vous résolûtes, ils résolurent

PRES. SUBJUNC.: je résolve, tu résolves, il résolve, nous résolvions, vous résolviez, ils résolvent

IMPERF. SUBJ.: je résolusse, tu résolusses, il résolût, nous résolussions, vous résolussiez, ils résolussent

56 rire *to laugh*

PARTICIPLES: riant, *laughing*; ri, *laughed*

PRESENT: je ris, tu ris, il rit, nous rions, vous riez, ils rient

FUTURE: je rirai, tu riras, il rira, nous rirons, vous rirez, il riront

CONDITIONAL: je rirais, tu rirais, il rirait, nous ririons, vous ririez, ils riraient

IMPERFECT: je riais, tu riais, il riait, nous riions, vous riiez, ils riaient

PAST HISTORIC: je ris, tu ris, il rit, nous rîmes, vous rîtes, ils rirent

PRES. SUBJUNC.: je rie, tu ries, il rie, nous riions, vous riiez, ils rient

IMPERF. SUBJ.: je risse, tu risses, il rît, nous rissions, vous rissiez, ils rissent

57 **saillir** *to project*

PARTICIPLES: saillant, *projecting*; sailli, *projected*

PRESENT: il saille,
ils saillent

FUTURE: il saillera,
ils sailleront

CONDITIONAL: il saillerait,
ils sailleraient

IMPERFECT: il saillait,
ils sailleraient

PAST HISTORIC: il saillit,
ils saillirent

PRES. SUBJUNC.: il saille
ils saillent

IMPERF. SUBJ.: il saillît
ils saillissent

58 **savoir** *to know*

PARTICIPLES: sachant, *knowing*; su, *know*

PRESENT: je sais, tu sais, il sait, nous savons, vous savez, ils savent

FUTURE: je saurai, tu sauras, il saura, nous saurons, vous saurez, ils
sauront

CONDITIONAL: je saurais, tu saurais, il saurait, nous saurions, vous
sauriez, ils sauraient

IMPERFECT: je savais, tu savais, il savait, nous savions, vous saviez, ils
savaient

PAST HISTORIC: je sus, tu sus, il sut, nous sûmes, vous sûtes, ils surent

PRES. SUBJUNC.: je sache, tu saches, il sache, nous sachions, vous
sachiez, ils sachent

IMPERF. SUBJ.: je susse, tu susses, il sût, nous sussions, vous sussiez,
ils sussent

59 **sentir** *to feel, to smell*

PARTICIPLES: sentant, *feeling*; senti, *felt*

PRESENT: je sens, tu sens, il sent, nous sentons, vous sentez, ils sentent

FUTURE: je sentirai, tu sentiras, il sentira, nous sentirons, vous sentirez, ils sentiront

CONDITIONAL: je sentirais, tu sentirais, il sentirait, nous sentirions, vous sentiriez, ils sentiraient

IMPERFECT: je sentais, tu sentais, il sentait, nous sentions, vous sentiez, ils sentaient

PAST HISTORIC: je sentis, tu sentis, il sentit, nous sentîmes, vous sentîtes, ils sentirent

PRES. SUBJUNC.: je sente, tu sentes, il sente, nous sentions, vous sentiez, ils sentent

IMPERF. SUBJ.: je sentisse, tu sentisses, il sentît, nous sentissions, vous sentissiez, ils sentissent

60 **servir** *to serve*

PARTICIPLES: servant, *serving*; servi, *served*

PRESENT: je sers, tu sers, il sert, nous servons, vous servez, ils servent

FUTURE: je servirai, tu serviras, il servira, nous servirons, vous servirez, ils serviront

CONDITIONAL: je servirais, tu servirais, il servirait, nous servirions, vous serviriez, ils serviraient

IMPERFECT: je servais, tu servais, il servait, nous servions, vous serviez, ils servaient

PAST HISTORIC: je servis, tu servis, il servit, nous servîmes, vous servîtes, ils servirent

PRES. SUBJUNC.: je serve, tu serves, il serve, nous servions, vous serviez, ils servent

IMPERF. SUBJ.: je servisse, tu servisses, il servît, nous servissions, vous servissiez, ils servissent

61 **sortir** *to go out*

PARTICIPLES: sortant, *going out*; sorti, *gone out*

PRESENT: je sors, tu sors, il sort, nous sortons, vous sortez, ils sortent

FUTURE: je sortirai, tu sortiras, il sortira, nous sortirons, vous sortirez, ils sortiront

CONDITIONAL: je sortirais, tu sortirais, il sortirait, nous sortirions, vous sortiriez, ils sortiraient

IMPERFECT: je sortais, tu sortais, il sortais, nous sortions, vous sortiez, ils sortaient

PAST HISTORIC: je sortis, tu sortis, il sortit, nous sortîmes, vous sortîtes, ils sortirent

PRES. SUBJUNC.: je sorte, tu sortes, il sorte, nous sortions, vous sortiez, ils sortent

IMPERF. SUBJ.: je sortisse, tu sortisses, il sortît, nous sortissions, vous sortissiez, ils sortissent

62 **souffrir** *to suffer*

PARICIPLES: souffrant, *suffering*; souffert *suffered*

PRESENT: je souffre, tu souffres, il souffre, nous souffrons, vous souffrez, ils souffrent

FUTURE: je souffrirai, tu souffriras, il souffrira, nous souffrirons, vous souffrirez, ils souffriront

CONDITIONAL: je souffrirais, tu souffrirais, il souffrirait, nous souffririons, vous souffririez, ils souffriraient

IMPERFECT: je souffrais, tu souffrais, il souffrait, nous souffrions, vous souffriez, ils souffraient

PAST HISTORIC: je souffris, tu souffris, il souffrit, nous souffrîmes, vous souffrîtes, ils souffrirent

PRES. SUBJUNC.: je souffre, tu souffres, il souffre, nous souffrions, vous souffriez, ils souffrent

IMPERF. SUBJ.: je souffrisse, tu souffrisses, il souffrît, nous souffrissions, vous souffrissiez, ils souffrissent

63 **suffire** *to suffice*

PARTICIPLES: suffisant, *sufficing*; suffi, *sufficed*

PRESENT: je suffis, tu suffis, il suffit, nous suffisons, oovoussuffisez, ils suffisent

FUTURE: je suffirai, tu suffiras, il suffira, nous suffirons, vous suffirez, ils suffiront

CONDITIONAL: je suffirais, tu suffirais, il suffirait, nous suffirions, vous suffiriez, ils suffiraient

IMPERFECT: je suffisais, tu suffisais, il suffisait, nous suffisions, vous suffisiez, ils suffisaient

PAST HISTORIC: je suffis, tu suffis, il suffit, nous suffîmes, vous suffîtes, ils suffirent

PRES. SUBJUNC.: je suffise, tu suffises, il suffise, nous suffisions, vous suffisiez, ils suffisent

IMPERF. SUBJ.: je suffisse, tu suffisses, il suffît, nous suffissions, vous suffissiez, ils suffissent

64 **suivre** *to follow*

PARTICIPLES: suivant, *following*; suivi, *followed*

PRESENT: je suis, tu suis, il suit, nous suivons, vous suivez, ils suivent

FUTURE: je suivrai, tu suivras, il suivra, nous suivrons, vous suivrez, ils suivront

CONDITIONAL: je suivrais, tu suivrais, il suivrait, nous suivrions, vous suivriez, ils suivraient

IMPERFECT: je suivais, tu suivais, il suivait, nous suivions, vous suiviez, ils suivaient

PAST HISTORIC: je suivis, tu suivis, il suivit, nous suivîmes, vous suivîtes, ils suivirent

PRES. SUBJUNC.: je suive, tu suives, il suive, nous suivions, vous suiviez, ils suivent

IMPERF. SUBJ.: je suivisse, tu suivisses, il suivît, nous suivissions, vous suivissiez, ils suivissent

65 se taire *to be silent (stop talking)*

PARTICIPLES: se taisant, *being silent*; (se) tu, *having been silent*

PRESENT: je me tais, tu te tais, il se tait, nous nous taisons, vous vous taisez, ils se taisent

FUTURE: je me tairai, tu te tairas, il se taira, nous nous tairons, vous vous tairez, ils se tairont

CONDITIONAL: je me tairais, tu te tairais, il se tairait, nous nous tairions, vous vous tairiez, ils se tairaient

IMPERFECT: je me taisais, tu te taisais, il se taisait, nous nous taisions, vous vous taisiez, ils se taisaient

PAST HISTORIC: je me tus, tu te tus, il se tut, nous nous tûmes, vous vous tûtes, ils se turent

PRES. SUBJUNC.: je me taise, tu te taises, il se taise, nous nous taisions, vous vous taisiez, ils se taisent

IMPERF. SUBJ.: je me tusse, tu te tusses, il se tût, nous nous tussions, vous vous tussiez, ils se tussent

66 tenir *to hold*

PARTICIPLES: tenant, *holding*; tenu, *held*

PRESENT: je tiens, tu tiens, il tient, nous tenons, vous tenez, ils tiennent

FUTURE: je tiendrai, tu tiendras, il tiendra, nous tiendrons, vous tiendrez, ils tiendront

CONDITIONAL: je tiendrais, tu tiendrais, il tiendrait, nous tiendrions, vous tiendriez, ils tiendraient

IMPERFECT: je tenais, tu tenais, il tenait, nous tenions, vous teniez, ils tenaient

PAST HISTORIC: je tins, tu tins, il tint, nous tînmes, vous tîntes, ils tinrent

PRES. SUBJUNC.: je tienne, tu tiennes, il tienne, nous tenions, vous teniez, ils tiennent

IMPERF. SUBJ.: je tinsse, tu tinsses, il tînt, nous tinssions, vous tinssiez, ils tinssent

67 **traire** *to milk*

PARTICIPLES: trayant, *milking*; trait, *milked*

PRESENT: je trais, tu trais, il trait, nous trayons, vous trayez, ils traient

FUTURE: je trairai, tu trairas, il traira, nous trairons, vous trairez, ils trairont

CONDITIONAL: je trairais, tu trairais, il trairait, nous trairions, vous trairiez, ils trairaient

IMPERFECT: je trayais, tu trayais, il trayait, nous trayions, vous trayiez, ils trayaient

PAST HISTORIC: —

PRES. SUBJUNC.: je traie, tu traies, il traie, nous trayions, vous trayiez, ils traient

IMPERF. SUBJ.: —

68 **vaincre** *to conquer*

PARTICIPLES: vainquant, *conquering*; vaincu, *conquered*

PRESENT: je vaincs, tu vaincs, il vainc, nous vainquons, vous vainquez, ils vainquent

FUTURE: je vaincrai, tu vaincras, il vaincra, nous vaincrons, vous vaincrez, ils vaincront

CONDITIONAL: je vaincrais, tu vaincrais, il vaincrait, nous vaincrions, vous vaincriez, ils vaincraient

IMPERFECT: je vainquais, tu vainquais, il vainquait, nous vainquions, vous vainquiez, ils vainquaient

PAST HISTORIC: je vainquis, tu vainquis, il vainquit, nous vainquîmes, vous vainquîtes, ils vainquirent

PRES. SUBJUNC.: je vainque, tu vainques, il vainque, nous vainquions, vous vainquiez, ils vainquent

IMPERF. SUBJ.: je vainquisse, tu vainquisses, il vainquît, nous vainquissions, vous vainquissiez, ils vainquissent

69 **valoir** *to be worth*

PARTICIPLES: valant, *being worth*; valu, *been worth*

PRESENT: je vaux, tu vaux, il vaut, nous valons, vous valez, ils valent

FUTURE: je vaudrai, tu vaudras, il vaudra, nous vaudrons, vous vaudrez, ils vaudront

CONDITIONAL: je vaudrais, tu vaudrais, il vaudrait, nous vaudrions, vous vaudriez, ils vaudraient

IMPERFECT: je valais, tu valais, il valait, nous valions, vous valiez, ils valaient

PAST HISTORIC: je valus, tu valus, il valut, nous valûmes, vous valûtes, ils valurent

PRES. SUBJUNC.: je vaille, tu vailles, il vaille, nous valions, vous valiez, ils vaillent

IMPERF. SUBJ.: je valusse, tu valusse, il valût, nous valussions, vous valussiez, ils valussent

70 **venir** *to come*

PARTICIPLES: venant, *coming*; venu, *came*

PRESENT: je viens, tu viens, il vient, nous venons, vous venez, ils viennent

FUTURE: je viendrai, tu viendras, il viendra, nous viendrons, vous viendrez, ils viendront

CONDITIONAL: je viendrais, tu viendrais, il viendrait, nous viendrions, vous viendriez, ils viendraient

IMPERFECT: je venais, tu venais, il venait, nous venions, vous veniez, ils venaient

PAST HISTORIC: je vins, tu vins, il vint, nous vînmes, vous vîntes, ils vinrent

PRES. SUBJUNC.: je vienne, tu viennes, il vienne, nous venions, vous veniez, ils viennent

IMPERF. SUBJ.: je vinsse, tu vinsses, il vînt, nous vinssions, vous vinssiez, ils vinssent

71 vêtir *to clothe*

PARTICIPLES: vêtant, *clothing*; vêtu, *clothed*

PRESENT: je vêts, tu vêts, il vêt, nous vêtons, vous vêtez, ils vêtent

FUTURE: je vêtirai, tu vêtiras, il vêtira, nous vêtirons, nous vêtirez, ils vêtiront

CONDITIONAL: je vêtirais, tu vêtirais, il vêtirait, nous vêtirions, vous vêtiriez, ils vêtiraient

IMPERFECT: je vêtais, tu vêtais, il vêtait, nous vêtions, vous vêtiez, ils vêtaient

PAST HISTORIC: je vêtis, tu vêtis, il vêtit, nous vêtîmes, vous vêtîtes, ils vêtirent

PRES. SUBJUNC.: je vête, tu vêtes, il vête, nous vêtions, vous vêtiez, ils vêtent

IMPERF. SUBJ.: je vêtisse, tu vêtisses, il vêtît, nous vêtissions, vous vêtissiez, ils vêtissent

72 vivre *to live*

PARTICIPLES: vivant, *living*; vécu, *lived*

PRESENT: je vis, tu vis, il vit, nous vivons, vous vivez, ils vivent

FUTURE: je vivrai, tu vivras, il vivra, nous vivrons, vous vivrez, ils vivront

CONDITIONAL: je vivrais, tu vivrais, il vivrait, nous vivrions, vous vivriez, ils vivraient

IMPERFECT: je vivais, tu vivais, il vivait, nous vivions, vous viviez, ils vivaient

PAST HISTORIC: je vécus, tu vécus, il vécut, nous vécûmes, vous vécûtes, il vécurent

PRES. SUBJUNC.: je vive, tu vives, il vive, nous vivions, vous viviez, ils virent

IMPERF. SUBJ.: je vécusse, tu vécusses, il vécût, nous vécussions, vous vécussiez, ils vécussent

73 **voir** *to see*

PARTICIPLES: voyant, *seeing*; vu, *seen*

PRESENT: je vois, tu vois, il voit, nous voyons, vous voyez, ils voient

FUTURE: je verrai, tu verras, il verra, nous verrons, vous verrez, ils verront

CONDITIONAL: je verrais, tu verrais, il verrait, nous verrions, vous verriez, ils verraient

IMPERFECT: je voyais, tu voyais, il voyait, nous voyions, vous voyiez, ils voyaient

PAST HISTORIC: je vis, tu vis, il vit, nous vîmes, vous vîtes, ils virent

PRES. SUBJUNC.: je voie, tu voies, il voie, nous voyions, vous voyiez, ils voient

IMPERF. SUBJ.: je visse, tu visses, il vît, nous vissions, vous vissiez, ils vissent

74 **vouloir** *to want, to be willing*

PARTICIPLES: voulant, *wanting, being willing*; voulu, *wanted, been willing*

PRESENT: je veux, tu veux, il veut, nous voulons, vous voulez, ils veulent

FUTURE: je voudrai, tu voudras, il voudra, nous voudrons, vous voudrez, ils voudront

CONDITIONAL: je voudrais, tu voudrais, il voudrait, nous voudrions, vous voudriez, ils voudraient

IMPERFECT: je voulais, tu voulais, il voulait, nous voulions, vous vouliez, ils voulaient

PAST HISTORIC: je voulus, tu voulus, il voulut, nous voulûmes, vous voulûtes, ils voulurent

PRES. SUBJUNC.: je veuille, tu veuilles, il veuille, nous voulions, vous vouliez, ils veuillent

IMPERF. SUBJ.: je voulusse, tu voulusses, il voulût, nous voulussions, vous voulussiez, ils voulussent

Other verbs with minor irregularities

75 **battre** *to beat*
Conjugated like regular *-re* verbs, except in the present indicative singular where it takes one t only:

je bats, tu bats, il bat, nous battons, etc.

76 **rompre** *to break*
Conjugated like regular *-re* verbs, except in the third person singular, where it takes a t:

je romps, tu romps, il rompt, nous rompons etc.

77 **contredire** *to contradict*
Conjugated like *dire* (see no. 21) except in the second person present indicative:

vous contredisez not *vous contredites*

78 **maudire** *to curse*
Conjugated like *contredire* (77) but takes *ss* in the present participle and consequently also in the plural of the present, and in the imperfect and present subjunctive:

maudissant; je maudis, tu maudis, il maudit, nous maudissons, vous maudissez, ils maudissent;
je maudissais, etc.; *je maudisse,* etc.

79 **bénir** *to bless*
Conjugated like regular *-ir* verbs, but has besides the regular past participle *béni* another form: *bénit* (fem. *bénite*). This used when speaking of things blessed by the Church — *eau bénite* is holy water.

80 haïr *to hate*

Conjugated like regular *-ir* verbs, it takes however the diaresis (¨) over the i except in the singular present indicative:

je hais, tu hais, il hait, nous haïssons, vous haïssez, il haïssent.
This diaresis also replaces the circumflex accent in *nous haïmes, vous haïtes,* etc.

Defective verbs

Verbs with missing or obsolete parts are defective. The following verbs have only the persons and tenses given in the table:

81 braire *to bray*

PRESENT PARTICIPLE: brayant

PRESENT: il brait, ils braient

FUTURE: il braira, ils brairont

CONDITIONAL: il brairait, ils brairaient

IMPERFECT: il brayait, ils brayaient

PRESENT SUBJUNCTIVE: il braie, ils braient

82 bruire *to rustle*

PRESENT: il bruit

IMPERFECT: il bruyait, ils bruyaient, *sometimes* il brussait, ils brussaient

PRESENT SUBJUNCTIVE: il bruisse, ils bruissent

83 **clore** *to close*

PAST PARTICIPLE: clos

PRESENT: je clos, tu clos, il clot

FUTURE: je clorai, tu cloras, il clora

CONDITIONAL: je clorais, tu clorais, il clorait

PRESENT SUBJUNCTIVE: je close, tu closes, il close, nous closions, vous closiez, ils closent

84 **éclore** *to hatch*

PAST PARTICIPLE: éclos

PRESENT: il éclôt, ils éclosent

FUTURE: il éclora, ils écloront

CONDITIONAL: il éclorait, ils écloraient

PRESENT SUBJUNCTIVE: il éclose, ils éclosent

85 **frire** *to fry*

PAST PARTICIPLE: frit

PRESENT: je fris, tu fris, il frit

FUTURE: je frirai, tu friras, il frira

CONDITIONAL: je frirais, tu frirais, il frirait

86 **luire** *to shine*
Conjugated like *conduire* (9). The past participle is *lui*, and there is no past historic or imperfect subjunctive.

87 choir *to fall*
Choir is used only in the past participle *chu*.

88 faillir *to fail*

PAST PARTICIPLE: failli

FUTURE: je faillirai, tu failliras, il faillira, nous faillirons, vous faillirez, ils failliront (old form: je faudrai etc)

CONDITIONAL: je faillirais, tu faillirais, il faillirait, nous faillirions, vous failliriez, ils failliraient (old form: je faudrai etc.)

PAST HISTORIC: je faillis, tu faillis, il faillit, nous faillîmes, vous faillîtes, ils faillirent

89 férir *to strike*
Férir is only used in the expression, *sans coup férir*, "without striking a blow".

90 fleurir *to blossom*
Conjugated regularly like *finir,* but in the sense of "to prosper" the present participle is *florissant*

IMPERFECT: il florissait, ils florissaient

91 ouïr *to hear*

PAST PARTICIPLE: ouï (used only in *ouï dire*)

93 ravoir *to have again*
Used only in the infinitive

94 **seoir** *to fit, suit, (sit)*

PRESENT PARTICIPLE: seyant

PRESENT: il sied, ils siéent

FUTURE: il siéra, ils siéront

CONDITIONAL: il siérait, ils siéraient

IMPERFECT: il seyait, ils seyaient

PRESENT SUBJUNCTIVE: il siée, ils siéent

Seoir meaning "to sit down" is only used in the present participle, *séant,* and the past participle *sis,* meaning "situated".

A model English verb

The following is a model of the principal tenses of an English verb. The names of the tenses are those which are generally used in the conjugation of foreign verbs. It is very important to know what English words are represented by the names *present, imperfect, future,* etc. For example, *I am calling* is just as much present as *I call*, and *I shall be calling* and *I shall call* are both future. There's no need to differentiate between the English simple present and present continuous, present perfect and simple past, and all the other variations that appear in English grammar books. But do take special notice of the auxiliaries used in the conjugation of the English future and conditional.

INFINITIVE: to call

PRESENT PARTICIPLE: calling

PAST PARTICIPLE: called

PRESENT TENSE
I call *or* I am calling
you call *or* you are calling (*singular*)
he calls *or* he is calling
we call *or* we are calling
you call *or* you are calling (*plural*)
they call *or* they are calling

IMPERFECT or PAST
I called *or* I was calling
you called *or* you were calling
he called *or* he was calling
we called *or* we were calling
you called *or* you were calling
they called *or* they were calling

FUTURE
I shall call *or* I shall be calling
you will call *or* you will be calling
he will call *or* he will be calling
we shall call *or* we shall be calling
you will call *or* you will be calling
they will call *or* they will be calling

CONDITIONAL
I should call *or* I should be calling
you would call *or* you would be calling
he would call *or* he would be calling
we should call *or* we should be calling
you would call *or* you would be calling
they would call *or* they would be calling

PERFECT
I have called *or* I have been calling
you have called *or* you have been calling
he has called *or* he has been calling
we have called *or* we have been calling
you have called *or* you have been calling
they have called *or* they have been calling

PLUPERFECT
I had called *or* I had been calling
you had called *or* you had been calling
he had called *or* he had been calling
we had called *or* we had been calling
you had called *or* you had been calling
they had called *or* they had been calling

FUTURE PERFECT
I shall have called *or* I shall have been calling etc.

CONDITIONAL PERFECT
I should have called *or* I should have been calling etc.

IMPERATIVE: call (you); let him/us/them call